La trayectoria ministerial del Pastor Eddie Rodríguez
y la grandeza inspiradora del propósito de Dios exhibido
por conducto de una vida comprometida y centralizada en
Cristo;
la predicación del mensaje del evangelio completo
y compartido por medio de la gracia llena del amor
de Dios a todo el mundo, sin hacer excepción.
Su sabiduría y jornada personal son portadores
de una unción que impacta a la generación nueva
que emerge con las herramientas necesarias
para cambiar al mundo.

Rev. Samuel Rodríguez

Reconocimientos

Conozco a Eddie Rodríguez desde que éramos adolescentes. Los dos crecimos en el Bronx de Nueva York. Ambos pertenecíamos a la misma congregación: Iglesia Cristiana Tesalónica.

El comenzó muy joven en el ministerio. El venía de un hogar Pastoral. Para ese tiempo él tenía veinte años de edad, él y su esposa Martha, ya estaban teniendo campañas de avivamiento por todos lados; no solo en los Estados Unidos, sino también en América Latina y en el Caribe. Muy temprano en su vida, él estuvo expuesto a muchos líderes denominacionales, que lo formaron en su carrera ministerial. Eddie absorbió del carácter y sabiduría de muchos líderes maduros siendo aún un ministro muy joven.

En su libro, **¡LLAMADO! ¿Ahora Qué?** el comparte sus años de experiencia, como esposo, padre, Pastor, Superintendente Distrital, y líder comunitario. El comparte no lo que escuchó, pero si lo que él ha vivido en todos estos años de ministerio. Este libro será una inspiración tanto para los jóvenes ministros y los que tienen más edad y mucho tiempo en el ministerio.

Muchos pastores y líderes eclesiásticos se han retirado

llevándose consigo sus impresionantes historias. En muchas ocasiones estas historias se han quedado sin contarlas. Eddie Rodríguez, quien fuera una vez un joven predicador, bendecirá las vidas de una nueva generación de ministros con su historia a través de este libro.

Felicitamos a Eddie por un gran trabajo.

Nino González

Pastor General Calvario City Church,

Superintendente Distrital del Florida Distrito Multicultural

Eddie, nuestro Pastor y Amigo, sembró en nosotros el amor por el evangelismo en nuestra comunidad local y por todo el mundo. El impartió en nosotros el amor por las misiones foráneas (Eddie va a viajes misioneros y lleva grupos de su iglesia para que experimenten lo que es servir en el campo misionero.) También sembró en nosotros el amor y deseo de servir a los demás. Eddie y Martha son las personas más hospitalarias que conocemos. ¡Su hogar siempre estaba (y esta) disponible para los misioneros, evangelistas, otros pastores, predicadores, y para sus amigos! Muchos de los jóvenes que se levantaron bajo el pastorado de Eddie, en la iglesia de Filipos (Yonkers, NY), actualmente son Ministros con credenciales de las Asambleas de Dios. Muchos de ellos, así como nosotros, son Pastores y otros evangelistas. Todos nosotros aprendimos, a través de esta pareja, lo que es el verdadero amor sacrificial y el servicio incondicional. Aprendimos que todo tiene que ver con "la gente".

Pastores Heriberto & Annie Montalvo

Mi esposa solo tenía 13 años cuando votaron por Eddie para que fuera el Pastor de nuestra iglesia. Ella dice que fue a través del ministerio de Eddie que Dios se hizo tan real a ella. La jornada de ella en cuanto su relación con Dios comenzó desde esa temprana edad. El amor que Eddie tenía y mostraba por las almas perdidas, la impacto a ella tanto, que hasta el día de hoy, ella siente esa misma carga por las almas. En una de las convenciones, uno de los miembros de nuestra iglesia le comento a mi esposa, "tu estilo de ministrar es bien similar al de Rev. Rodríguez". Definitivamente Eddie dejo sus huellas en la vida de mi esposa. Mi esposa vino de una familia muy disfuncional con muchos retos. Como Pastor, Eddie mostro el corazón de un pastor de ovejas por su familia y fue un apoyo inmenso para su mama durante muchos momentos bien difíciles. ¡Por esto, y más, ella estará eternamente agradecida!

Pastores Joaquin y Myrta Colon

En el pastorado muchos tardan años en crecer y madurar en ciertas áreas y procesos que solo se superan con ayuda de un mentor, alguien que lo haya vivido antes.

¡He ahí la utilidad de este libro! El Pastor Eddie Rodríguez es un hombre experimentado en quebranto, uno que ha visitado el fondo del abismo y ha vivido en sujeción el duelo saludable y airoso que le hizo repechar y subir hasta el borde del precipicio para advertirnos. Ya en el tope del mismo estas son sus palabras: "Quiero construir una verja a la orilla del precipicio antes que construir un hospital al fondo del precipicio, quiero preparar y advertir a los llamados con lo que esperan."

¿Debo confesar que trabajando en la traducción del libro **¡LLAMADO! ¿Ahora Qué?** del Pastor Eddie Rodríguez he sido edificada. Comencé la introducción y algo se revolvió en lo más profundo de mi ser interior recibiendo confrontación, refrigerio y alivio al saber que otros no tendrán que vivir lo ya vivido por él. Recibamos estas perlas extraídas de la soledad, la experiencia, el dolor, el gozo y la vida misma de dos jóvenes que dieron su fuerza y sus mejores años al Señor. Ambos, Pastora Martha y Pastor Eddie, como en un taller experimental y en el torno del Alfarero han sido procesados para nuestro beneficio.

Este libro es profundo y ¡nada aburrido! Es un manual, práctico en la aplicación de sus conceptos y es agente sanador que posee los componentes para un auto examen. Si eres valiente para mirarte por dentro y reconocer en qué has fallado, sus cuestionarios te ayudarán a ubicarte en la postura correcta en todas las áreas de tu ser y también de lo que haces. De este proceso depende si tendrás un duelo saludable en la consecución de tu muerte al yo, algo que es imprescindible para ser un ministro que representa el evangelio de Jesucristo.

Recuerdo que en un relato que nos hiciera a mi esposo y a mí el Pastor Eddie sobre su reacción ante la situación de una división en su iglesia, mi respuesta fue: "Pastor yo no soy tan buena". Él me contestó: "Yo tampoco es que yo estoy muerto..."

Recibamos este regalo de una pareja que aprendió en el campo de batalla los secretos más profundos y beneficiosos de la guerra, y de un Pastor que no estorba a Dios con su ego para que Su Señor pueda ser glorificado.

Valoramos y agradecemos lo que este libro significa para todos los Pastores jóvenes que apenas comienzan, y para los no tan jóvenes que reconocen que nunca dejamos de aprender. Gracias Pastor por librarnos del duelo patológico, crónico, retrasado, exagerado o enmascarado, que solo nos harán vivir ejerciendo un ministerio sumergido y rodeado ¡por la tristeza! Nuestro respeto y admiración para ambos por haber sobrepasado todo obstáculo, toda prueba y hasta el día de hoy ser hallados fieles y ¡siendo una bendición para todos! ¡Gracias Pastor Eddie por el privilegio de haber trabajado en tu libro!

Claribel Hernández Colón

¡LLAMADO!

¿Ahora Qué?

Eddie Rodríguez

Todos los derechos reservados. Ninguna parte de esta publicación puede ser reproducida, distribuida o transmitida de ninguna forma ni por ningún medio, incluyendo fotocopias, grabaciones u otros métodos electrónicos o mecánicos, sin el permiso previo por escrito del editor, excepto en el caso de breves citas incorporadas en revisiones críticas y ciertos otros usos no comerciales permitidos por la ley de copyright (derechos del autor).

Citas bíblicas de la Versión Estándar Americana (1901) La Versión Estándar Americana de la Santa Biblia, publicada por primera vez en 1901.

Citas bíblicas de la versión autorizada (rey James). Los derechos en la Versión Autorizada en el Reino Unido son propiedad de la Corona. Reproducido con permiso del titular de la corona, Cambridge University Press

LA SANTA BIBLIA, NUEVA VERSIÓN INTERNACIONAL®, NIV® Copyright © 1973, 1978, 1984, 2011 por Biblica, Inc.® Usado con permiso. Todos los derechos reservados en todo el mundo.

Copyright © 2017 Eddie Rodríguez
Todos los derechos reservados.

ISBN-13: 978-0692077221
ISBN-10: 0692077227

Para obtener información sobre descuentos especiales disponibles para compras a granel, póngase en contacto con el autor en Eddierodriguez212@yahoo.com.

Dedicatoria

<u>Dedico este libro a mi amada y encantadora esposa Martha.</u>

Yo soy el visionario y ella llena todos los detalles. Veo en ella a un verdadero ministro. Su espíritu incansable es admirable, y yo de mirarla me canso.

Ha sido mi compañera en esta jornada; una jornada que sin su amor incondicional hubiese sido imposible.

<u>A mis tres maravillosos hijos</u>

Edward Jr., Darlene y Michelle. Ustedes han estado conmigo en esta jornada,
han sobrevivido y se han superado. Soy un padre que se siente orgulloso y verdaderamente bendecido.

<u>A mi papá, Pastor Nelson Rodriguez</u>

Eres un ejemplo perfecto de un hombre que ama a Jesús, a su Palabra, y a su gente. Él no es sólo mi papá, sino mi pastor y mentor en la vida.

Expresiones de Gratitud

Quiero expresar mi más sincero agradecimiento a una señora muy valiosa, Roz Pérez. Sin su ayuda, esto habría sido una tarea imposible para mí. Ella ha dado de su valioso tiempo y experiencia, con tanto amor y dedicación, que no podría agradecerle lo suficiente.

También quiero agradecer al Rev. David Bonilla. Sus consejos y orientación me dieron el empujón que necesitaba para comenzar a trabajar hacia la finalización de este texto.

Por último, quiero agradecer a Claribel Hernández Colón por traducir este libro al español. De corazón te doy mil gracias.

Tabla de Contenido

Dedicatoria	x
Expresiones de Gratitud	xi
Prefacio	15
Introducción	19
Sección 1: Integridad / Completo	**23**
Capítulo 1 ¿Estás Listo?	25
Capítulo 2 Totalidad Emocional	35
Capítulo 3 En el Tiempo de Dios	49
Sección 2: Desarrollo Personal	**57**
Capítulo 4 Vida Familiar	59
Capítulo 5 ¡Se Tú!	69
Capítulo 6 Sea un Equipo	79
Sección 3: Desarrollo Espiritual	**91**
Capítulo 7 Sea un Vaso Fiel	93
Capítulo 8 Tenga el Corazón de Dios	103
Capítulo 9 Dé Gloria a Dios	117
Capítulo 10 Bendice y Protege	125
Capítulo 11 Enfocados	135
Sección 4: Ministerio	**145**
Capítulo 12 Modelos de Liderazgo	147
Capítulo 13 Equipa la Línea del Frente	155
Capítulo 14 Empodera a Otros	163
Capítulo 15 Ama a La Gente	171

Capítulo 16 Habla como Jesús	183
Capítulo 17 El Mensaje Efectivo	189

Sección 5: La Fe — 197

Capítulo 18 Fe Para las Finanzas	199
Capítulo 19 La Unción	213
Capítulo 20 Creencias Sobre la Sanidad	225
Capítulo 21 El Dios de las Cosas Nuevas	237

Sobre el Autor — 245

Referencias — 246

Prefacio

Desde que tengo memoria, recuerdo haber estado bajo la cobertura de un Pastor. Mi Padre es un ministro y él ha ocupado diferentes roles a través de los años. Por mucho tiempo pertenecí al grupo íntimo de los hijos de pastores PK (Pastor's Kid). Ya siendo una joven adulta me prometí a mí misma que jamás me casaría con un Pastor. Yo vi cuán duro, solitario y retante puede ser a veces. Puesto que Dios tiene un gran sentido lleno de humor, él encontró una forma de guiar a mi esposo hacia ese llamado Pastoral algunos años después de habernos casado. El padre espiritual de mi esposo es Pastor Eddie.

Aprendí sobre Eddie cuando él se constituyó en un Pastor prodigio de las Asambleas de Dios. Él era el Pastor más joven para ese tiempo a la tierna edad de 19 años. De todos los pastores que conocí en mi juventud, ¡Eddie era diferente! Él tenía un corazón tierno para los jóvenes como muchos pastores del día, pero su forma de manejar y moverse en el pastorado creó una ola de cuestionamientos. Muchos preguntaban sobre cuál era su método. Su iglesia sobrepasó los límites de la sección de Manhattan. Él era radical, de una entrega completa, y estaba más interesado en la aprobación de Dios que en la aprobación de los hombres.

Cuando Eddie te llama "Pastor" en este libro no es solamente para aquellos que están caminando en la plenitud de su ministerio, o han caminado este camino; es una señal Profética para que te pares en ese llamado, para que te adentres; es un llamado profético a intervenir. Ser llamado posee nobles responsabilidades, pero también posee recompensas que exceden los tiempos duros y solitarios.

Este manual ha tomado años para ser creado. Dios escogió a Eddie para que experimentara una gama de batallas y luchas de la vida real, retos, bendiciones y milagros, para que él pueda compartir con ustedes muchas de ellas. Cuando le pregunté a Eddie "el porqué de este libro," el me dio esta respuesta sin titubear a lo "Eddie":

"El combustible que me impulsa y que me impone a colocar en papel esta mi jornada, es construir una cerca en el borde del precipicio de modo que no tengamos que construir un hospital en el fondo del precipicio. Quiero preparar a los "Llamados" para lo que les espera."

El trato de Dios con cada uno es individual y diseñado de manera única, pero los principios son los mismos. Hoy, usted está leyendo acerca de una asignación de vida mezclada con el consejo sabio de años de experiencia y del profundo pozo en donde reside su sabiduría. Leerás acerca de principios básicos que deben ser incorporados por aquellos que han sido llamados como parte de su fundamento. Su énfasis en el amor por las almas a través de este libro te recuerda constantemente que tu hacer es siempre para la gloria de Dios.

Usted aprenderá con este manual. Tú aprenderás y una y otra vez, por qué parte del corazón de un Pastor, es crecer en la sabiduría de un "líder siervo." Es mi expectativa que al leer estas páginas tu vida sea cambiada. No tengo duda que tendrás una nueva perspectiva y un proceder refrescado hacia el pastorado.

Tú que has sido llamado al ministerio, tu jornada no termina aquí en la tierra, sino que te sigue hasta la eternidad. Toma este manual como una parte de tu jornada y no temas navegar en lo desconocido de Dios.

~ Roz Humphreys-Pérez

Introducción

¡Pastorear es para los pocos, para los valientes y para los llamados!

Comencé el Pastorado a los 19 años, y cuando miro hacia atrás hubiese deseado que alguien me hubiese entrenado y advertido sobre los campos minados y los obstáculos que hubiesen causado que abandonara el barco.

Como hijo de pastor, miraba aquellos hombres que poseían gracia y favor, tenían el don de la oratoria, con una notable unción, pero nunca fueron capaces de alcanzar su pleno potencial. También he visto una tendencia preocupante. Muchos hombres y mujeres maravillosos y llenos de buena intención han chocado con las duras rocas del desaliento desesperanzados en su jornada. Muchos comenzaron con un llamado claro de parte de Dios para comenzar su ministerio pastoral con celo, gozo y tenacidad. Muchos se comprometieron y embarcaron en un Instituto Bíblico y educación universitaria. Algunos fueron a alcanzar sus títulos de Maestría y Doctorado. Entraron de lleno al ministerio con los ojos llenos de un gran entusiasmo y llenos de los sueños y deseos de Dios y una visión grande llena de potencial. Entonces las presiones del ministerio comenzaron a desgastarlos. Fui testigo de cómo uno por uno fue cansándose y debilitándose. Ellos tropezaron y se quedaron cortos, fracasando en alcanzar el cumplir su destino y utilizar su potencial. ¡Muchos colgaron para siempre sus vestiduras sacerdotales para no retomarlas jamás!

La institución Cuidado Pastoral Inc., ha publicado que cada mes 1.700 pastores renuncian al ministerio; uno de diez, de una forma u otra, se retiran del ministerio y el 50% de los pastores quisieran dejar el ministerio porque se sienten decepcionados, pero no pueden porque no tienen otra manera de sostenerse.

Este manual diseñado para el campo de batalla, es para aquellos que han sido llamados al ministerio. Será útil tanto para los líderes emergentes de este tiempo que han respondido al llamado De Dios para "amar y alimentar a Sus ovejas". También para aquellos que llevan años en el ministerio y para aquellos ministros que muestran cicatrices de la batalla de la experiencia y necesitan estímulo e inspiración.

Mis escritos se basan en mi experiencia ministerial. Cubren muchos aspectos de las responsabilidades y expectativas pastorales. He tenido el privilegio de ejercer en el ministerio Pastoral y Evangelístico. He tenido el privilegio de plantar cinco iglesias y pastorear otras tres que han crecido exponencialmente. Como evangelista he recorrido la amplitud y extensión de los Estados Unidos y he visitado la mayor parte de América Latina, Europa, África y el Lejano Oriente. He visto a miles responder al toque del Espíritu Santo y entregar sus vidas al Salvador. He cometido muchos errores y he aprendido de ellos. Mi esperanza es que al leer este manual evites cometer mis mismos errores y te inspire a alcanzar grandes alturas en tu ministerio. Mientras despegas hacia esta maravillosa jornada, quisiera animarte a que lleves contigo este manual a tu campo de batalla. Mi oración es que cada persona que lea este libro sea motivada e inspirada a realizar su potencial ¡con gozo y excelencia!

Nota: A través de estas páginas usted vera la frase: "El Espíritu Santo me dijo". Cada vez que usted lea esto, entienda que no es una voz audible, es una impresión clara en mi entendimiento, una impresión extraordinaria o convicción súbita y una percepción que llega sin esperarlo. Es ese momento que nace por el Espíritu Santo.

"Cuando Dios te llama a algo, él no siempre te llama a tener éxito, ¡Él te llama a obedecer! El éxito de tu llamado o vocación depende de Él, ¡la obediencia depende de ti!"
~ **DAVID WILKERSON**

La voluntad de Dios es tu progreso y tu éxito...
Así que aprende a ser ¡obediente!

Sección 1

Integridad / Completo

Capítulo 1

¿Estás Listo?

"Dios no llama a los equipados, el equipa a los llamados."
(AUTOR DESCONOCIDO)

¡Sientes un llamado! ¿Significa esto que estás preparado?

La fuerza que te impulsa y que debe estar detrás de tu llamado es la pasión por el perdido y un grande amor por Dios y por Su iglesia. Una cosa es que se les entregue una carta de reclutamiento, y otra cosa es que se les entregue un aviso de despliegue. Muchos se apresuran y corren tras su llamado prematuramente. En realidad, nunca se sentirá usted completamente suficiente; nunca se sentirá completamente listo cuando se trata de ser un pastor u ocupar cualquier posición de liderazgo en el reino de Dios.

Sabemos que Dios equipa y usa a aquellos que se sienten más indignos. Él hace esto para que siempre Él obtenga toda la gloria. Esto no te excusa de esforzarte para dar lo mejor a Dios.

Puedes tener habilidades naturales, pero debes mejorarlas.

Por ejemplo, usted puede tener oído para la música y la capacidad de tocar un instrumento, pero si no practica, limitará su don. Aquellos que tienen el don y van a la escuela y practican, sobresalen por encima del resto. Y así es con el ministerio.

¿Cuáles son las cosas que necesita desarrollar?

Educación

Usted podría comenzar con su vocabulario. Recuerda, has sido llamado para expresar lo inefable. ¿Cómo puedes hacer eso si no puedes expresarte? La educación es una herramienta necesaria en el ministerio. Si no puede ir a una escuela formal, lea, lea y lea un poco más. Elija libros que extiendan su vocabulario y su intelecto. Esto no significa que usted debe utilizar palabras grandes o rebuscadas porque eso apagará a la mayor parte de su audiencia. Sin embargo, la educación le dará la capacidad de ser conciso y claro en su entrega.

Servicio

1. Encontrar un mentor y ser fiel y leal.
2. Servir en su iglesia local fielmente.

Aprenda a ser un servidor leal. Cosecharás lo que siembras. La Palabra habla de esta dinámica: *"Si eres fiel en las cosas pequeñas, te darán mayores responsabilidades."* Mateo 25:23.

Observa el corazón de David. Él sirvió a Saúl y nunca fue en su contra. Aunque tenía muchas razones para rebelarse contra Saúl, se mantuvo fiel. Vemos otros ejemplos en la Escritura donde otros no eran tan pacientes y las cosas no resultaron tan bien. Dios cumplirá su propósito para ti a su debido tiempo. Todo lo que Él pide de ustedes es ser fieles y leales donde están, y esperar en Él. Él no necesita tu ayuda para cumplir Su voluntad en tu vida.

Aprenderás muchas cosas cuando te conviertas en un siervo diligente en la iglesia. Usted verá características inspiradoras, pero también algunas que no son tan inspiradoras. Usted aprenderá cómo hacer las cosas y cómo no hacer las cosas. Incluso puede ayudar a un ministerio que no necesariamente puede ser lo que Dios está preparando para usted. Recuerde, hay diferentes etapas en su vida y debes saber cuándo termina una y cuando comienza la otra.

Obediencia

Aprenda a ser obediente. Debes aprender a escuchar al Espíritu Santo y a ser obediente a Su guianza.

Una de las muchas maneras en las que Dios me enseñó la obediencia fue en el dar. Siendo un joven Pastor recibí aproximadamente siete mil dólares para repartir entre Haití y la República Dominicana. En los años 70 no poseía tarjetas de crédito ni chequera. La verdad fue que rellené mi billetera, mis bolsillos y mis medias de billetes de $20 dólares. Sentí una gran responsabilidad sobre mis hombros. Mientras viajaba, el Espíritu Santo me daba la luz verde para repartir el dinero y me detenía cuando no era Su voluntad. Encontré muchas personas a las que quería bendecir, pero Dios no me lo permitió. El último día tenía una cantidad específica para dar. No importando cuan duro lo intenté, el Espíritu Santo no me daba el permiso para liberar el dinero. Comencé a preguntarle al Señor porque no quería regresar

con ese dinero a los Estados Unidos. Mi cuñado y yo decidimos visitar el orfanato de niñas en Puerto Príncipe. Cuando llegamos nos dimos cuenta que el director del orfanato estaba llorando. El gobierno ya había comenzado a confiscar todos los muebles debido a una deuda que ellos tenían y que no habían podido pagar. Le pregunté cuál era la cantidad total de la deuda. Era la cantidad exacta que me quedaba. El Espíritu Santo me dio la luz verde para pagar esa deuda. Si yo no hubiera obedecido a su guianza, no habría tenido el dinero necesario para pagar aquella deuda. Aprendí una importante lección, no se deje llevar por lo que ve o siente (las emociones son engañosas).
Aprenda a discernir la voz del Espíritu Santo.
¿Recuerdas a Pablo? Él estaba en su camino hacia Asia porque vio una necesidad, pero el Espíritu Santo lo envió a Macedonia.

Esto es de suma importancia como Pastor en el reino de Dios, porque si no sabes cómo escuchar la voz del Espíritu Santo puedes conducir la gente fuera de la voluntad de Dios. En un capítulo posterior a éste, elaboraré y profundizaré más sobre la importancia de la obediencia.

Aprenda la Biblia

"De la abundancia del corazón, habla la boca." (Lucas 6:45)

De este verso aprendemos que para conocer a alguien, debes escucharlo hablar. Así que para conocer el corazón de Dios debes escucharle a través de Su Palabra.

La Biblia es la Palabra de Dios. Tienes que aprender la Palabra de Dios para que puedas discernir Su corazón. Nunca olvidaré cómo el Espíritu Santo me empujó para que asistiera a la escuela bíblica. Yo era un evangelista de 15 años de edad y era el hijo de un pastor. Me crié en la iglesia, iba a la escuela dominical y mi papá nos leía la Biblia todas las noches. Sentí que por todo eso no necesitaba ir a la escuela bíblica. Una noche, estaba en una vigilia (un servicio de oración de toda la noche). A eso de las 2 de la mañana, algo dentro de mí empezó a preguntar: ¿Quién es Oseas? ¿Cuáles fueron las circunstancias en las que hablaron los Profetas Menores? Las preguntas formuladas se encontraron con el silencio. En ese momento, me di cuenta de cuan bíblicamente analfabeto era. También durante ese tiempo, una persona que no compartía mis creencias me enfrentó. Él me desafió a probar la deidad de Cristo, el Rapto de la Iglesia y muchas más de mis creencias básicas, y él quería probarlos por las Escrituras. Tomé la decisión de estudiar este libro llamado la Biblia. Ser un excelente expositor de la Biblia ha sido la pasión de mi vida. Comencé a pedir a Dios en oración que me concediera un doctorado en la Biblia.

En esta temporada de preparación, también servirás en muchas áreas. Incluso podrías entrar a un ministerio. Es de suma importancia que permanezcas en una actitud de aprendizaje y crecimiento. Hay que entender que en ocasiones lo que Dios tiene preparado para ti está en un futuro no muy cercano y que cada paso es un proceso utilizado para moldearte.

¡Disfruta del presente! El futuro llegará a su debido tiempo. Este punto de preparación ministerial me guía hacia un nuevo capítulo, Salud Emocional.

¿Estás Listo?

¿Cuáles son tus pensamientos sobre este capítulo?

_____
_____
_____
_____
_____
_____
_____
_____
_____
_____

¿Qué te impactó?

_____
_____
_____
_____
_____
_____
_____
_____
_____
_____

¿En qué áreas necesitas cambiar?

_____
_____
_____
_____
_____
_____
_____
_____
_____

Capítulo 2
Totalidad Emocional

"La iglesia no está formada por gigantes espirituales;
Sólo los hombres quebrantados pueden llevar a otros a la cruz."
DAVID J. BOSCH

Los pastores heridos, hieren a las ovejas. Las heridas cicatrizadas crean la unción.

Conocí a un pastor joven que comenzó en el ministerio con heridas abiertas. Desde su infancia, su padre lo comparaba con su hermano mayor. Él le decía constantemente que no era tan inteligente y que nunca sería nada en la vida. Llevó esa herida abierta al pastorado. De hecho, él atacaba a todo aquel que no estuviera de acuerdo con él. El sentía que si alguien no estaba de acuerdo con sus ideas u opinaba de manera diferente estaban en su contra. Despidió a la junta y se rodeó de "yes men", aquellos no opinaban y asentían siempre. Los constantes latigazos de su lengua hacia aquellos que se atrevieran a cuestionar sus decisiones hizo que muchos abandonaran su iglesia, y eventualmente, él también dejó el pastorado. Esto le hizo perder credibilidad en su liderato espiritual y proyectó de su parte una imagen empañada de Cristo. La presión de ser un pastor era demasiado grande para él. Esta llamada "presión" era auto-creada. Estas heridas que había sufrido en su alma atrofiaban lo mejor de Dios para él.

Amargura

La amargura es el único pecado que la biblia liga con la palabra "raíz." (Hebreos 12:15)
Mirad bien, no sea que alguno deje de alcanzar la gracia de Dios; que, brotando alguna raíz de amargura, os estorbe, y por ella muchos sean contaminados;

Se llama la raíz de amargura porque, al igual que las raíces de un árbol, crecerá en cada rincón de su vida. Afecta la forma en que trata a tu familia y afecta el cómo te relacionas en el día a día y en tu vida cotidiana. Las heridas abiertas, te hacen azotar a la gente sin previo aviso, así como una presa cazada que de repente se devora cuando menos se espera. Usted atacará a la gente sin control, si en su puerto está anclada la amargura. También provoca que usted se retire a la menor percepción de que está siendo atacado.

En el ministerio, usted necesita asegurarse que esas heridas hayan sido sanadas. Lo único que debe permanecer son las marcas de unas cicatrices como la prueba que han sido sanadas.

¿Cómo puedes sanarte?

Me alegra que hayas preguntado. El primer paso es reconocer que has sido herido, y que es humanamente imposible sanar por sí mismo. El pecado, especialmente la raíz de la amargura, no es natural para los seres humanos. Dios nos creó a su imagen y semejanza. Cuando el pecado entró en nuestras almas, estábamos indefensos. Comparo esto con los Everglades en La Florida. La gente está destruyendo a los Everglades, abandonando animales y plantando vegetación que no es natural para el ecosistema. Como resultado, estos visitantes antinaturales están creciendo sin obstáculos porque no tienen depredadores naturales para mantenerlos bajo control. Están matando a las plantas naturales y a los animales. Así mismo es el pecado y la raíz de la amargura. No tenemos defensas naturales en nuestras vidas contra esos intrusos, especialmente para protegernos de esas heridas causadas por adultos que eran considerados como nuestros protectores durante la infancia. El abuso sexual o verbal sufrido en la infancia es increíblemente destructivo.

Cuatro Pasos en los que enfocarse:

He aquí cuatro pasos en los que enfocarse para luchar contra la raíz de amargura.

1. **Reconozca que usted está herido.** No puede sanar si no identifica las heridas. Ignorar estas causas o asuntos no resueltos hace que estas heridas crezcan sin restricciones o límites.

2. **Presenta esta herida en oración.** Confiésala al Señor. Pídele que te perdone por retener la amargura.

3. **Perdona a los que te hirieron.** Este podría ser uno de los pasos más difíciles de lograr. Debes perdonar como Dios te ha perdonado. Esto podría ser un acto hecho por fe. Confiese que usted los perdona y ore por

ellos. La gracia de Dios le permitirá superar este obstáculo. Si la persona que le hirió aún vive, llámelos y dígale que usted les perdona. En algunas situaciones, perdonar diariamente en tus oraciones es una necesidad. A veces la gente continúa lastimándote, o las memorias regresan. Usted debe permanecer en un constante estado de perdón (adopta el perdón como un estilo de vida).

4. **Exponerlo a la luz.** Habla de ello con los demás. Esto es muy eficaz porque ya no será un secreto oculto en la oscuridad del presentimiento en su vida. Cuando algo como esto se reprime se empeora. Cuando usted expone sus luchas a la luz debilita su arraigo en usted. Comparo el pecado con una cucaracha. Estas desagradables criaturas salen cuando las luces están apagadas. ¡Cuando las luces están encendidas, corren!

Usted debe decidir si necesita consejería bíblica o profesional. Esto dependerá de su proceso de sanidad. Si no perdonas, te conviertes en lo que odias. ¡Usted, muy probablemente, imitará a la persona que no ha perdonado!

Preparación Emocional

Muchas personas entran al ministerio con preparación intelectual, pero sin preparación emocional.

Cuando serví como oficial ejecutivo en mi denominación, observé que los pastores eran la causa mayor de los conflictos de su iglesia. Cuando entras en el ministerio, eres llamado a ser participante del Espíritu Santo para construir gente. Enfrentarás grandes retos. Las personas que llegan heridas te van a herir con sus palabras, te difamarán y criticarán todo lo que usted_haga. Comentarán sobre la forma en que usted viste, habla y camina. Algunos criticarán tu auto nuevo y otros criticarán incluso si tienes un auto viejo, palo si boga y palo si no boga. Algunos amarán tu manera de predicar y otros dirán que no están siendo alimentados, y que tu mensaje no les edificó. Ellos le gritarán a tu familia y abusarán verbalmente de ella. Algunos se opondrán a que recibas un aumento y dirán que la iglesia tiene necesidades más apremiantes que tu salario.

Como pastores jóvenes mi esposa y yo experimentamos todo esto. Comenzamos a pastorear a las edades de 18 y 19 años. No estábamos preparados para lo que se avecinaba.

Como todo recién casado, comenzamos a aumentar peso. La gente comenzó a decir: "Es obvio que estos pastores no ayunan." Comenzamos a hacer ejercicio y observar los alimentos que ingeríamos y perdimos peso. Entonces comenzamos a oír: "Se pusieron flacos debido a sus malos negocios," y que estábamos atados financieramente, por eso mi esposa usaba la misma ropa. Entonces comenzamos a escuchar: "La esposa de ese pastor siempre usa la misma ropa." Cuando Dios comenzó a bendecirnos y empezamos a vestir mejor, escuchamos esto: "Esos pastores gastan el dinero de la iglesia en ropa." Echando una mirada hacia el pasado ahora me río, pero en aquel momento fueron sucesos dolorosos e hirientes.

Cuando compraba algo para la iglesia, siempre había alguien que comentaba que había pagado demasiado por ello y que estaba mal gastando el dinero de la iglesia. Un año la iglesia decidió comprarme un auto. Un día recibí una llamada telefónica de un miembro que me preguntó si podía prestarle mi auto. Yo sabía que él tenía un auto, así que le dije que se lo prestaría, pero le pregunté por qué lo necesitaba. Su respuesta fue: "Quiero enseñar a mi esposa a conducir y no quiero arriesgarme a que me choque o estrelle mi coche."

Estos son sólo algunos incidentes que he pasado y vivido dentro del ministerio. Cuando comencé, fueron experiencias dolorosas porque no estaba advertido. Ahora cuando escucho estas cosas ¡me río!

He pintado esta oscura imagen para hacerte una pregunta. ¿Estás emocionalmente preparado para responder con amor a estas situaciones y no estar a la defensiva y amargado?

Tal vez algún día, los que pasan más tiempo contigo y a los que consideras amigos, te informarán que desean irse a otra iglesia. ¿Cómo manejarías esto? Tendrás que bendecirlos y agradecerles por sus años de servicio. No deberás hablar mal de ellos o cortarles de tu vida. Habla bendición sobre ellos. Estamos llamados a reflejar a Jesús a aquellos a quienes servimos (1 Corintios 11:1) *"Sed imitadores de mí, así como yo de Cristo."*

¿Estás emocionalmente listo? ¿Eres lo suficientemente maduro en lo emocional como para reaccionar en amor y compasión? ¿O te sentirás, rechazado y comenzarás a hablar contra esas personas que te han herido o te han hecho daño o contra quienes han dejado tu iglesia?

Muchas veces, la gente ha entrado en el ministerio con heridas emocionales. Ellos han tenido estas heridas desde la infancia y las mismas dictan su estado de ánimo y sus acciones. Algunos de nosotros fuimos constantemente humillados, y crecimos en familias muy disfuncionales. Estas heridas no resueltas, controlarán sus acciones y causaran que respondas pasándole factura a la gente y pueden llevarte a la depresión. En lugar de dar una respuesta amorosa y edificante, a personas heridas, escogen y _les gusta entrar en conflicto y causar heridas mayores.

El pastor debe responder siempre en amor. Bendice a aquellos que te han herido. Bendice a aquellos que se fueron de tu iglesia. A medida que avanzas en medio de la oposición, permanece en ella con alegría y compasión. Recuerda siempre que Jesús les ama y que murió por ellos. Esta es una de las lecciones que Cristo enseñó a sus discípulos cuando les amonestó a negarse a sí mismos y a tomar su cruz diariamente (Lucas 9:23). Esto significa que debes dejar de lado tus deseos, para cumplir con los Suyos, y tener el corazón de Dios.

La buena noticia es que las heridas curadas se convierten en cicatrices de la experiencia (Lucas 22: 31-32).

Estas cicatrices liberarán una unción para ser una bendición para los demás. Las cicatrices de los soldados son lo que cuentan la historia. Sabes que han estado en la batalla y sobrevivieron. Cuando miras las cicatrices de un soldado, te sientes agradecido e inspirado. Usa tus heridas curadas como testimonios de la gracia de Dios. No se puede ministrar efectivamente con heridas abiertas. Ellas se infectan y si no se les presta atención eventualmente necesitarán amputación o causarán la muerte.

No voy a entrar en cuál sería la carga psicológica que llevas en tu vida, pero esto te diré, busca ayuda. Tal vez necesite hablar con un consejero y hacer frente a sus heridas. Si no lo hace, como dije antes, esto frustrará el crecimiento de su ministerio y afectará a su familia e incluso a su matrimonio.

A medida que avanzas en el cumplimiento de tu vocación, debes tener en cuenta este proceso. A veces, mientras pasas por la sanidad emocional, Dios te empujará a seguir adelante. Mientras reconozcas este proceso de sanidad y te sometas a Él, Dios te llevará a un mayor grado de madurez.

La pregunta que surge entonces es esta: "¿Cómo sé cuándo es el tiempo de Dios para mí?" Hablaremos de esto en el siguiente capítulo. Le ayudará a comprender el tiempo de Dios.

Totalidad Emocional

¿Cuáles son tus pensamientos sobre este capítulo?
_____
_____
_____
_____
_____
_____
_____
_____
_____

¿Qué te impactó?
_____
_____
_____
_____
_____
_____
_____
_____
_____

¿En qué áreas necesitas cambiar?

_____
_____
_____
_____
_____
_____
_____
_____
_____

Capítulo 3
En el Tiempo de Dios

"El valor del gran líder para cumplir su visión viene de la pasión, no de la posición."
JOHN MAXWELL

Dios abrirá las puertas en Su tiempo, y las Escrituras están llenas de ejemplos sobre el tiempo de Dios.

Hay una temporada para todas las cosas.

Tu vida tendrá estaciones según el plan de Dios para ti. Debes ser paciente y aprender a esperar en Dios. Cuando sea el momento de Dios para moverte, él abrirá las puertas correctas. Él pondrá a las personas adecuadas en tu camino. La Biblia dice: No te preocupes por nada (Filipenses 4:8).

Muchos ministros fallan, no porque Dios no los llamó, sino porque no esperaron el momento de Dios. Procedieron prematuramente. Si caminas lado a lado con Jesús, verás las puertas de las oportunidades abiertas. No camines delante de Él, ni detrás de él; camina junto a Él. Él te guiará suavemente hacia tu destino y Su propósito.

Él no te obligará a caminar a su lado en obediencia. Usted tiene libre albedrío y puede elegir hacer las cosas a su manera. Pero si usted camina humildemente Su camino, se niega a sí mismo y toma su cruz entonces verá cosas que nunca imaginó. Para esto, debes ser paciente y dejar que Él te muestre Su gloria en Su tiempo.

Cuando llegue el momento de Dios para tu ministerio, estará más allá de lo que esperabas. (Efesios 3:20)

Escucho a muchos jóvenes predicadores quejarse de que nadie les da la oportunidad de predicar. No puedo comprender esa queja. Si realmente has sido llamado por Dios para ser un ministro, comienzas a ministrar.
No esperas un púlpito para ministrar. La compasión es lo que te hace ministrar en las esquinas, hospitales y a tus vecinos. A los 15 años, llenos de amor y deseo de ganar almas por Cristo, proclamé a Cristo en las esquinas de la ciudad de Nueva York. Muchos fines de semana viajé desde la calle 42 en Manhattan hasta la calle 168. Me paraba en

cada dos cuadras y predicaba el evangelio. Hacía un llamado y oraba por los enfermos. A los 16 años, fui a la República Dominicana y ministraba en lugares públicos. Incluso fui a caballo a pequeños pueblos muy remotos y predicaba el evangelio. No estaba interesado en predicar en una iglesia. Los perdidos estaban fuera de la iglesia. Los pastores me observaban predicando en las esquinas y luego me invitaban a sus iglesias. A veces aceptaba las invitaciones, a regañadientes.

Los dones del Espíritu Santo siempre se mueven poderosamente cuando ministras a los inconversos fuera de la iglesia. Por eso le son dados los dones, para que la iglesia pueda hacer la guerra contra el enemigo y rescatar a los perdidos. Al enfocarme o cuando me enfoqué en predicar a los perdidos, experimenté a Dios abriendo otras puertas.

La primera puerta que me abrió fue el convertirme en pastor de una iglesia hispana en Nueva York llamada "Iglesia Filipos." A los 19 años, mi español era muy limitado. Mientras pastoreaba, Dios también abrió puertas para celebrar cruzadas en toda América Latina.

Un día estaba en un restaurante almorzando con mi padre, un extraño se acercó a mí y me preguntó si yo era un predicador. Se presentó como un pastor en Sudamérica que coordinaba las cruzadas para Billy Graham. Me ofreció coordinar las cruzadas para mí en América del Sur. Nunca me había oído predicar ni me conocía. El tiempo de Dios es perfecto. Continuó organizando Cruzadas masivas en las que vi la gloria de Dios como nunca antes. Miles de personas vinieron al Señor durante esas cruzadas. Dios abrió esa puerta. No tuve nada que ver con eso. Él lo hizo todo. El favor de Dios abrirá puertas en Su tiempo.

Estábamos programados para pasar por Virginia en uno de mis viajes evangelísticos con mi familia. Siempre quise visitar la iglesia de John Giménez, así que fuimos a su servicio de los domingos <u>por la mañana</u>. Llegamos temprano, pero aun así terminamos en el mesani, hacia el fondo en los últimos asientos. Mientras predicaba, me miraba. Cuando terminó el servicio, me señaló y me llamó para ir hacia él. Cuando llegamos al frente, él me abrazó y me dijo, "¿Quién eres tú que siento tanto amor por ti?" Así comenzó una relación que me abrió muchas puertas.

Una vez más te digo, el favor de Dios abrirá las puertas en su tiempo. La Biblia dice que en los últimos días Dios abrirá una puerta que nadie podrá o puede cerrar (Apocalipsis 3: 8).

Prosigue con confianza

Predica este glorioso evangelio. Levanta a Cristo y recuerda siempre Él lo hará todo. Se trata de Él. A Él pertenece toda la Gloria.

Además, recuerda después de haber hecho todo siempre inclinarte ante Él y dile : *"Siervo inútil soy, sólo he hecho lo que ha sido demandado de mi."* (Lucas 17:10).

En el Tiempo de Dios

¿Cuáles son tus pensamientos sobre este capítulo?
_____
_____
_____
_____
_____
_____
_____
_____

¿Qué te impactó?
_____
_____
_____
_____
_____
_____
_____
_____
_____

¿En qué áreas necesitas cambiar?

Sección 2

Desarrollo Personal

Capítulo 4

Vida Familiar

"Usted no elige a su familia. Ellos son el regalo de Dios para ustedes, como ustedes son para ellos."
(DESMOND TUTU)

Tu Cónyuge

La mayor decepción es cuando te das cuenta que tu cónyuge no puede llenar totalmente ese vacío. Adán fue creado primero. Su alegría y consuelo estaba en su Creador. Una vez que aprendió a vivir solo, entonces Dios creó en él el deseo de compañía. (Génesis 2:18-21). Debemos internalizar que Dios y sólo Dios será plenamente suficiente para llenarnos. Entonces estaremos listos para crear un hogar feliz. El apoyo moral, emocional y espiritual de su cónyuge determinará su alegría en el ministerio. Ser un líder puede crear mucha soledad social. Su cónyuge debe ser su mejor amigo, su confidente y la persona en el que usted llora.

Usted debe proteger a su cónyuge dándole el lugar que merece, con su tiempo y su atención.

Siempre hable de su cónyuge desde su púlpito. Deje saber a su congregación cuan enamorado está y cuánto le ama. Esto desvanecerá pensamientos adúlteros de la mente de alguien bajo tu ministerio. Además, un líder siempre tendrá personas que se sientan injustificadamente atraídas hacia ellos. Por lo tanto, un matrimonio saludable es de suma importancia en el ministerio. Un matrimonio saludable te protegerá de relaciones no saludables con el sexo opuesto. Por esta razón, debes dedicar tiempo y energía a tu matrimonio. El ministerio puede ejercer mucha presión sobre tu familia. Depende de usted aliviar esta presión y hacer del ministerio un disfrute para su hogar.

Tener una vida sexual saludable

Muchos entran al matrimonio pensando que el sexo es algo sucio y pecaminoso. Como líder en mi denominación, he visto ministerios destruidos debido a una actitud malsana hacia la intimidad en el matrimonio. Es aún peor si ha nacido y crecido en una iglesia que sólo habla de sexo en el contexto pecaminoso. Tu conciencia se daña. Si usted no puede disfrutar del sexo con su cónyuge sin sentirse sucio y pecaminoso y si, después de tener sexo, le pides perdón a Dios, o si alguno o todo lo anterior ocurre en su cama matrimonial, usted se dirige al desastre. Esto es algo que usted debe abordar. No desaparecerá con el tiempo y solo empeorará si lo ignoras. {Los únicos que desaparecerán si los ignoras son tus dientes.}

El blanco número uno de Satanás es tu matrimonio. Si aún no estas casado, considera la consejería pre-matrimonial con alguien que aborde este tema que con confianza y valor.

El apóstol Pablo declara que, si usted se niega mutuamente, Satanás se aprovechará y entrará en su matrimonio (Corintios 7:5). El texto Santo ordena: "No niegues a tu cónyuge". "Tu cuerpo no es tuyo". 1 Corintios 7:4. El matrimonio es la rendición del uno al otro. Indica claramente que, si usted tiene una necesidad para o por el sexo, contraiga matrimonio (1 Corintios 7:2). No dice que ores para que el deseo desaparezca. No, dice disfrútalo con tu conjugue. La intimidad y el sexo son una necesidad física y emocional.

Decir que si oras desaparecerá, es como decir si tu cónyuge no te alimenta y te_dice solo ora y ayuna, no te preocupes por comer; la oración se encargará de ello. **¡No!** Si usted está viviendo esta situación, tómelo muy en serio y comience a trabajar para arreglarla. Muchas veces las parejas sienten vergüenza en hablar sobre estos temas. ¡Esto no puede detenerte o impedirte en tu intento de hacer todo lo necesario para tener un matrimonio feliz! Un Pastor con un matrimonio saludable es un líder completo, feliz y eficaz. Esto le permitirá ser transparente.

Debes separar tu persona de la Iglesia cuando llegas a tu hogar. Vive una vida normal. No hables de los problemas de la Iglesia, juega, comparte chistes, sal a cenar. Tengan una cita como pareja, separa al menos un día a la semana para compartirlo con tu familia. Apague el celular y hagan cosas juntas no relacionadas con el ministerio. Tome vacaciones. (Ir a convenciones o a conferencias no es tomar una vacación.) Si tiene hijos, tome dos vacaciones, una con los niños y otra con su cónyuge. Me he enamorado una y otra vez de mi esposa en estas "vacaciones solo para los padres."

Niños

No se olvide de ser un Pastor para sus hijos.

Olvidamos que los niños de nuestra iglesia tienen Pastor y tienen un padre; roles que se encuentran en dos personas diferentes. _Nuestros hijos tienen ambos padre y pastor en uno solo.

Un día fui llamado para hablar con el consejero de uno de mis hijos. Me dijeron cómo se comportaban de una manera irrespetuosa y desordenada indisciplinada. Me sorprendió y me enojó. Caminé a mi hijo (aproximadamente 15 años de edad) a mi coche y comencé a dirigirme a casa. Entonces me vino el pensamiento. "Tu hijo necesita un pastor en este momento, no un padre." Giré el coche hacia la iglesia. Entramos a mi oficina y aconsejé a mi hijo como su pastor no como un padre enojado y avergonzado. Fue increíble. Ese niño abrió su corazón y aceptó a Cristo ese día.

En mis viajes he visto muchas denominaciones y las juntas de la iglesia desplazar a un pastor porque sus hijos se han alejado del Señor.

Ellos usaron la escritura que dice que un líder en la iglesia debe tener a su familia sometida. Muchos han abusado de este versículo. Se refiere a niños menores de edad. Una vez que se convierten en adultos, ya no están bajo

Vida Familiar

la responsabilidad de los padres. La salvación no se hereda. Incluso si usted es nacido en una familia cristiana, esto no le hace un cristiano. Los niños tienen que nacer de nuevo y tener su experiencia personal. Decir que el padre no ha hecho un buen trabajo, por culpa de un hijo adulto desviado, es totalmente incorrecto. Si esto fuera cierto, entonces Dios falló cuando su hijo, Adán, retrocedió. También, entonces el padre del hijo pródigo (que es un símbolo de nuestro Padre Celestial) hizo un pésimo trabajo como padre. Si por estas tontas razones te despiden de un pastorado, sólo continúa tu ministerio en otro lugar. No permitas que nadie te arranque el manto sacerdotal. Los dones y el llamado de Dios son irrevocables (Romanos 11:29).

Su hogar debe ser su "lugar feliz". Debe ser el lugar que le ofrezca o en que el encuentra comodidad, paz y descanso. No se lleve los problemas a su casa. Tener una familia saludable es imperativo para el disfrute de su vida y ministerio. Como un jardín, su familia requiere de un cuidado constante. Como ministro del Evangelio, también debe sentirse libre de buscar ayuda y consejería cuando sea necesario. Trabajar su matrimonio y no permitir que los problemas se queden sin atender.

Recuerde, usted y su familia también son ovejas, y usted necesita ir a buscar ayuda al igual que sus congregantes. No caigas en la trampa de "guardar las apariencias". El deseo de aparecer como alguien que no eres, causará un gran daño a tu cónyuge y a tus hijos; además te robará lo mejor de Dios para ti. Hablemos de esto en el próximo capítulo.

Vida Familiar

¿Cuáles son tus pensamientos sobre este capítulo?

¿Qué te impactó?

¿En qué áreas necesitas cambiar?

_____
_____
_____
_____
_____
_____
_____
_____

Capítulo 5
¡Se Tú!

"Jesús llamo a los pecadores, no a los graduados de las escuelas rabínicas. El principal requisito para servir al Señor era ser natural y sincero."
(JIM CYMBALA)

"Sé tú mismo, porque todos los demás están tomados."
(OSCAR WILD)

Debes ser quien Dios te hizo ser y no el viejo Adán.

Tu naturaleza pecaminosa debe ser eliminada. Esa naturaleza pecaminosa es un reflejo del padre del pecado, Satanás. Debes ser el nuevo Adán.

"En el cual vosotros también anduvisteis una vez, cuando habéis vivido en estas cosas; no se encuentran uno a otro; viendo que habéis desechado al viejo hombre con sus obras, y habéis revestido del nuevo

¡Se Tú!

hombre, el cual está siendo renovado para el conocimiento según la imagen del que lo creó:" Colosenses 3: 7, 10

La persona nacida de nuevo refleja la imagen y semejanza de nuestro Padre Celestial. Ellos tienen un espíritu redimido que ahora tiene un fruto divino. Es ese espíritu renovado en cada ser humano que, al ser vivificado por el Espíritu Santo a través de su palabra, hace que broten características de Dios (Gálatas 5).

Este nuevo nacimiento no le quita su particularidad. Cada uno de nosotros fue creado con diferentes dones y habilidades. Antes, se usaban de forma egoísta y para satisfacer placeres mundanos. Ahora se utilizan para el reino de Dios. Se necesita tiempo para desarrollar y descubrir quién eres. A medida que crezcas en la gracia, esto será más definido. Algunos les vas a gustar y otros no, pero eso está bien, no puedes agradar a todos. Si tratas de complacer a todos, serás un Pastor miserable.

Como un joven ministro, escuche innumerables ocasiones, este dicho: "El pastor tiene que ser como ese payaso que estaba triste, pero siempre mostraba una sonrisa". Este consejo casi me costó mi ministerio. Me dijeron que no permitiera que la gente viera mi dolor, mis conflictos y mi vulnerabilidad. Que escondiese quien realmente yo era. Como resultado de este consejo, no confiaba a nadie mis problemas. Cuando salieron a la superficie ya era demasiado tarde. La destrucción fue devastadora, pero terminó siendo una bendición disfrazada. Finalmente pude enfrentar lo que estaba obstaculizando mi felicidad.

Quítate la Máscara

Usando la ley de doble referencia, me recuerda la que nos manda quitarnos la máscara (2 Corintios 3:16). Recuerdo cuando me ofrecieron presentar mi candidatura al Pastorado para una pequeña iglesia en Yonkers, Nueva York. La iglesia era tan pequeña, que ni siquiera tenía suficiente dinero para ofrecer un salario. Yo todavía estaba como estudiante en la Escuela Bíblica, y no estaba haciendo mucho, así que me preguntaron si estaba dispuesto a ayudar. Mi esposa no estaba muy contenta con esto. Ella nunca quiso ser la esposa de un pastor. Yo había estado evangelizando desde que tenía 15 años y ella estaba contenta conmigo siendo un evangelista. Acabábamos de casarnos y estaba embarazada de nuestro primer hijo. Finalmente conseguí que ella estuviera de acuerdo en que sería justo hasta que Dios nos llevara a otra parte.

En nuestra primera reunión con los diáconos, expresaron sus preocupaciones. Su primer consejo fue que no debíamos ser vistos hablando con los jóvenes, porque éramos demasiado jóvenes y las personas mayores tal vez no les iban a gustar. Su segundo consejo fue que nosotros deberíamos vestirnos de forma más moderada anticuada, que pareciésemos más viejos. Bueno, la primera semana que prediqué, mi esposa uso un estilo de peinado en dos colas de caballo y llevaba zapatos de tenis. Sin embargo, fuimos electos y pastoreamos allí por 10 años. La iglesia creció poderosamente y dentro de un año, compramos un supermercado y lo convertimos en un edificio de iglesia. La presencia de Dios estaba siempre presente, pero escondí quién era realmente. Tuve que fingir que era mayor y muy serio. Los que me conocían bien sabían que yo no era así. Durante 10 años fingí _ser_ este chico serio y mayor. No era feliz. Vi la mano de Dios moverse poderosamente y muchos vinieron a Cristo, pero me sentía totalmente insatisfecho.

Me fui en 1981 al evangelismo a tiempo completo. Cuando el Señor empezó a empujarme para iniciar una iglesia en West Palm Beach, FL, tuve una conversación de corazón a corazón con mi Señor. Compartí con Él que volvería a pastorear si pudiera ser yo. No quería esconder quién era yo realmente. No fingiría ser alguien que no soy.

Poco sabía yo que estaba entrando en mi unción y favor. Me convertí en el pastor más feliz de la tierra. La unción y el favor de Dios aumentaron inmensamente.

Debemos entender que Dios te ha hecho y no hay nadie como tú.

Dios te ha dado un favor y una gracia particular y única.

"Pero a cada uno de nosotros fue dada la gracia según la medida del don de Cristo."

Efesios 4:7

"Pero no nos glorificaremos más allá de nuestra medida, sino según la medida de la providencia que Dios nos ha repartido como medida, para llegar hasta vosotros."

2 Corintios 10:13

Debe dejar que sus talentos y dones dados por Dios brillen. No tienes que imitar a otro predicador o proyectar a alguien que no eres.

¡Se Tú!

"Porque no nos atrevemos a compararnos o compararnos con algunos de los que se encomienden; pero ellos mismos, midiéndose a sí mismos
y comparándose con ellos mismos, no tienen entendimiento."
2 Corintios 10:12

"Pero cada uno demuestre su propia obra, y entonces tendrá su gloria respecto a sí mismo, y no de su prójimo."
Gálatas 6:4

Como dije antes, no a todo el mundo le gustará, pero está bien. Muchos se sentirán atraídos por su estilo de ministerio. Tienes un ministerio único que se necesita en el reino de Dios.

Deja que la gente te vea tal como eres. A veces pensamos que necesitamos proyectar la perfección para inspirar a otros. Me he dado cuenta que, en lugar de inspirarlos, se desaniman.

Cuando ven que Dios te usa a pesar de y no por ti, comienzan a caminar en Su gracia y sienten que Dios puede usarlos a ellos también. ¡Usted será más feliz en su ministerio y su familia también disfrutará de su jornada!!

Mis hijos no tenían la presión de tener que ser perfectos.

A ellos, se les permitió caminar en su propia realidad. Cada vez que alguien trataba de corregirlos sólo porque eran los hijos del pastor, los detenía y no permitiría ese tipo de corrección. Les decía que les corrigieran nada más, como si fuesen simplemente otro niño de la iglesia, nada más...nada menos.

Si tienes que ocultar quien eres realmente, trabaja en tu integridad y llévalo en oración ante el Señor. Busca ayuda en consejería y logra ser integro en su personalidad. En tu transparencia, la gracia y la misericordia del Señor te seguirán todos los días de tu vida. Tu mensaje será fresco y pertinente, y usted estará libre de la opinión de otros. Integro significa que eres de una sola pieza. Usted es la misma persona siempre; con otros en el trabajo, en casa o con un amigo. No tienes caras múltiples.

¡Se Tú!

¿Cuáles son tus pensamientos sobre este capítulo?

_____
_____
_____
_____
_____
_____
_____
_____
_____

¿Qué te impactó?

_____
_____
_____
_____
_____
_____
_____
_____
_____

¿En qué áreas necesitas cambiar?

Capítulo 6

Sea un Equipo

*"La función de un pastor no es hacer crecer una iglesia grande.
El papel del pastor es desarrollar discípulos maduros que hagan discípulos."*
RICK HOWERTON

"La fuerza del equipo es cada miembro individual. La fuerza de cada miembro es el equipo."
PHIL JACKSON

Jesús los envió de dos en dos. Él siempre caminaba con Sus discípulos. Trabajó con un equipo.

Necesitamos hacer lo mismo. Esto no sólo nos hará trabajo conjuntamente, sino que también creará verdaderos discípulos. La palabra dice que uno pondrá a mil a huir y dos pondrán a 10.000 a huir (Deuteronomio 32:30).

El verdadero discipulado es caminar con esa persona. No se trata solamente de predicar y dar una clase bíblica. La Biblia instruye a los miembros a considerar el comportamiento de su pastor e imitar su conducta. Ellos no pueden imitar sus talentos (Hebreos 13:17). Discipulado es estar en contacto con la gente y dejarlos entrar en tu círculo íntimo. Es aplicar las escrituras a sus experiencias en un contexto práctico (Deuteronomio 6: 7) y a su vez, enseñando a cada miembro a hacer lo mismo.

Las Escrituras claramente enseñan la importancia de la multiplicación.

Dios da la mayor importancia a los números. Tanto es así, que hay un libro en la Biblia llamado "Números". Es la voluntad de Dios para su Reino y Su palabra de llenar la tierra como las aguas cubren el mar.

Solo no lo podrás hacer.

Hace años, estaba escuchando a un predicador hablar en una reunión de jóvenes. Tenía 15 años y deseaba más de Dios en mi vida. Él habló acerca de tener la mano de Dios sobre ustedes, y cómo los hombres en la Biblia hicieron proezas poderosas, porque la mano de Dios estaba sobre ellos. Tenía tanta hambre de que la mano de Dios estuviera en mi vida que fui a casa y le dije a mi madre que pasaría esa noche en oración. Agarre una manta y me encerré en el baño y empecé a clamar ante Dios, pidiéndole que pusiera su mano en mi cabeza. Estaba tan hambriento y desesperado por Dios que no traté de entender lo que esperaba. Todo lo que sé, es que la presencia de Dios llenó la habitación de una gloria impresionante. Me estremecí como un árbol martillado por un fuerte viento, pero dije: "Dios no es lo que estoy pidiendo. Quiero tu mano sobre mi cabeza."

Oré hasta que la luz del día estaba a punto de romper el alba. No cambié mi oración. ¡Le rogué incesantemente que colocara Su mano sobre mi cabeza! De repente, me vi en una gran expansión rodeada por un cielo azul. Apareció una nube, y de esa nube se disparó un rayo de luz y me golpeó en la cabeza. En ese momento llegó a mí una inesperada convicción. Clamé a Dios y le pedí que levantara obreros, profetas, predicadores y evangelistas. Me sentía tan insuficiente ante la gran necesidad y la vasta tarea que tenía ante mí. Sentí algo que ha permanecido conmigo a través de todo mi ministerio. He aprendido la importancia de trabajar en equipo, de hacer discípulos y desear lo mejor de Él para otros ministros.

Debemos aprender a trabajar en equipo con los pastores locales de nuestra ciudad.

Un verdadero avivamiento sólo llegará cuando nos demos cuenta que, aunque existen muchas congregaciones en una ciudad, sólo hay una iglesia (la iglesia del Señor). Esta iglesia debe unirse y trabajar hacia el objetivo común, para que ninguno perezca, sino que todos lleguen al arrepentimiento. El verdadero crecimiento en el reino de Dios no es hacer crecer la iglesia por miembros que cambian de una iglesia a otra. Crece cuando la gente viene al conocimiento del Salvador que es Cristo. Los ángeles se regocijan, no cuando un miembro cambia de una congregación a otra congregación, pero cuando alguien acepta a Cristo como su Señor y Salvador.

Es una bendición tener un equipo.

Ya sean llamados diáconos o ancianos, nosotros, como pastores del rebaño, debemos contar con consejeros y personas en quienes delegar o depender. Primero vamos a definir lo que es un diácono y un anciano. La Biblia dice claramente que los diáconos fueron escogidos para "servir las mesas" (Hechos 6: 1-6). En la iglesia de hoy, sería hacer el trabajo administrativo de la iglesia. Su trabajo libera a los pastores para que estos puedan invertir su tiempo en la oración y la palabra. ¿No es eso maravilloso? Nos pagan para orar y estudiar la palabra de Dios. ¡Que privilegio tenemos! Cuando los diáconos hacen su parte, el pastor tiene la libertad de estar en "la montaña", intercediendo por sus ovejas y clamando para que Dios le dé palabra del cielo para transmitirla a la congregación. Los diáconos deben atender a todas las áreas necesarias para que una iglesia funcione sin problemas; desde asegurarse que el edificio está limpio y listo para el servicio, hasta pagar las facturas, atender a las necesidades sociales de la comunidad, como alimentar a los hambrientos y lavar los platos. Ellos necesitan ser los que se enrollan las mangas de su camisa y hacen lo necesario para mantener las cosas en orden. Para ello deben primero ser llenos del Espíritu Santo y cumplir todos los requisitos que requieren las Escrituras para cumplir con este oficio (I Timoteo 3: 8-13).

Muchos pastores han asignado gente para servir en sus oficinas basados únicamente en su perspicacia o experiencia en los negocios, o porque tienen experiencia en finanzas. Esto es excelente, pero sobre todos estos atributos, deben ser personas espirituales con buena reputación, hombres y mujeres de visión. Muchas iglesias han sido destruidas por tener diáconos carnales que no son sensibles a los demás ni están en sintonía con el Espíritu Santo. Muchos confunden la línea entre diáconos y ancianos para su propio peligro.

Un consejo de ancianos debe ser el equipo personal del Pastor; los que ministran junto con el pastor en el altar, predicando y haciendo los oficios sacerdotales.

Los Pastores Asociados deben ser considerados los Ancianos de la iglesia (Hechos 20:28). Con ellos, usted consulta las materias espirituales y las situaciones sensibles que pudieron merecer la consulta.

He aprendido que ambas juntas están colocadas para ser una bendición para el Pastor.

La Biblia dice que, en la multitud de consejeros, hay sabiduría (Proverbios 15:22). También enseña claramente que debemos someternos unos a otros. Ellos están ahí para protegerte y caminar a tu lado, para dar consejos y para buscar la voluntad de Dios para la iglesia junto_a ti. No deberían ser hombres de sí o "yes men". Deben ser libres de dar diferentes perspectivas y opiniones. Deben sentirse libres de discrepar sin ser obstinados; todos sometiéndose uno al otro. Deben buscar la mente de Dios para la iglesia.

Como un joven Pastor comenzando en el ministerio, aprendí una valiosa lección. Cuando yo quería hacer algo, y no llegaba a un acuerdo con mis líderes, Dios siempre venía protegiéndome. Aprendí mientras trataba o intentaba y cometía errores, que ellos eran una bendición puesta por Dios para ayudarme a hacer lo correcto. He aprendido que este es el reino de Dios. Él está en control de su reino. No es mi rol o papel luchar o tener una relación antagónica con mi consejo de líderes o junta administrativa. Debo someterme a ellos como ellos también deben someterse a mí. Debemos obedecer las Escrituras y someternos unas a otros (Efesios 5:21). Si surgen desacuerdos, permanezca en silencio y deje que Dios lo maneje.

Un día estaba en oración y tuve una fuerte convicción de que debía predicar en una cruzada en México. Le dije a mi esposa lo que sentí y lo que el Espíritu Santo me estaba diciendo. En menos de una hora, recibí una llamada de un pastor en México pidiéndome que celebrara una cruzada en su ciudad. De inmediato accedí por lo que el Espíritu Santo me había dicho antes. Al día siguiente llamé a una reunión con mis ancianos y diáconos y les compartí la llamada que recibí de México. No les conté mi experiencia en la oración. Siempre he sido cauteloso en decir "Dios me dijo" porque creo que esto puede utilizarse o interpretarse como un modo de manipulación. Si es verdaderamente Dios, Él lo llevará a cabo sin tener que vender la idea. Un Diácono se levantó y habló en contra. Mencionó el hecho de que estábamos bajo persecución. El edificio de la iglesia había sido cerrado por la ciudad, y no sabíamos dónde sería nuestro próximo servicio. ¿Cómo podía partir ahora, cuando la iglesia más me necesitaba? Convenció a toda la junta para que no me dejara ir a dar la cruzada. También estuve de acuerdo con su decisión. Tenía sentido. Aplazamos la reunión con la decisión de que no podría ir a celebrar la cruzada en México. Yo no estaba preocupado en lo absoluto. Verás, Dios es un Dios de orden. Su palabra enseña claramente que debemos someternos unos a otros. Él nunca quería que yo discutiera o peleara con mis diáconos y ancianos, así que simplemente fui a Dios en oración. Le dije al Señor lo que ya sabía. "Me dijiste que me fuese, pero también dices en tu palabra que debemos someternos unos a otros. Esta es tu lucha. Pongo el asunto en tus manos. Me fui a dormir sin la menor preocupación. Pastor, esta es la obra de Dios. Él moverá lo que Él necesite mover. No terminó allí. Al día siguiente, a las 7 de la mañana, sonó mi teléfono. Conteste el teléfono y alguien lloró en el otro extremo. Era el Diácono Principal. Él tuvo un sueño. En ese sueño, vio a miles de almas cayendo en un abismo sin fondo. Alzó la vista y vio a nuestro Señor Jesucristo, y con amor y ternura le dijo: "Miles irán al infierno porque no dejarás ir a mi siervo". Convocó una reunión con todos los diáconos y los ancianos y compartió su sueño. Todos estuvieron de acuerdo en que debía irme. Incluso recogieron una ofrenda para mi viaje. ¡Dios está en control!

Su trabajo es amar y ser un ejemplo de ternura y respeto.

Mi regla número uno para mi personal entero, los que tienen salario y los voluntarios, es nunca ser áspero u ofensivo con ellos. Siempre debes responder con amor y ternura. Si no puedes, no debes estar en posiciones de liderazgo en el reino de Dios. ¿Por qué? La verdad es que se trata de amar y construir a la gente. Se trata de mostrar quien es Jesús a través de tu conducta. Por favor, pastor, camine en paz. El Señor peleará sus batallas. Su trabajo es cuidar de aquellos que Dios ha puesto delante de usted, y hacerlo con alegría.

Para tener una iglesia saludable usted debe tener un equipo pastoral.

Una iglesia que espera que el Pastor General esté en cada reunión y en cada servicio es una iglesia disfuncional. El Pastor General sufrirá rápidamente el agotamiento, y su familia puede que se volverá amarga. Usted debe ausentarse intencionalmente y también delegar. Confíe en aquellos en quienes ha delegado. Usted debe tener su función en esta batalla claramente definida.

"Puedo hacer cosas que tú no puedes.
Puedes hacer cosas que yo no puedo.
Juntos podemos hacer grandes cosas."
MADRE TERESA

¿Cuáles son tus pensamientos sobre este capítulo?

_____
_____
_____
_____
_____
_____
_____
_____
_____

¿Qué te impactó?

_____
_____
_____
_____
_____
_____
_____
_____
_____

Sea un Equipo

¿En qué áreas necesitas cambiar?

_____
_____
_____
_____
_____
_____
_____
_____

Sección 3

Desarrollo Espiritual

Capítulo 7

Sea un Vaso Fiel

*"No sólo el mensaje debe ser entregado correctamente,
pero así el propio mensajero debe ser tal
como para recomendarlo a la aceptación."*
JOSEPH BARBER LIGHTFOOT

Cuando vi por primera vez a la chica que iba a ser mi esposa, yo sólo tenía 13 años y ella tenía 12 años. Yo era el hijo del pastor y su madre le dijo que debía ir a la iglesia para conocer al hijo del pastor. Cuando la vi, le dije a mi hermano mayor que ella iba a ser mi esposa. Me golpeó el corazón, pero yo era muy tímido y no me atrevía a acercarme a ella. Así que, un día le pedí a un amigo que le pidiera a ella que fuese mi novia. Él fue a hablar con ella y cuando regresó me dijo que ella había dicho que no. Bueno, me alegré que ella le haya dicho que no a él y no a mí, pero durante el servicio, continuábamos mirándonos el uno al otro. Aproximadamente una semana más tarde, le pedí a mi amigo que volviera a preguntarle. Una vez más me dijo que ella había dicho que no. Estaba confundido porque ella seguía mirándome. Así que, después de algunas semanas reuní suficiente valor y coraje para acercarme a ella. Le pregunté por qué me había rechazado. Para mi sorpresa, ella me respondió que había dicho que sí desde el principio. Mi "amigo" también estaba interesado en ella y había cambiado el mensaje.

¿Cuántas veces ha sucedido esto con nuestro amoroso Señor? Muchos predicadores cambian el mensaje.

Predican y reflejan una imagen empañada de lo que realmente Él es. Nuestro objetivo principal será el ser mensajeros fieles y no reescribir la carta. Simplemente entregarla intacta (Hebreos 1:1-3).

Para hacer esto, debes morir a ti mismo.

Nuestro orgullo y nuestros temores no deben interponerse en el camino del mensaje de Dios. Debes hablar de tal manera que Cristo sea exaltado y no tú. Deben hacer Su trabajo y su voluntad sin temer las opiniones de los demás. El temor a los hombres no debe dictar su ministerio.

Un día, invité a un predicador a venir y ministrar. Nunca había visto a Dios usar a alguien así. Él ministraba sobre los enfermos, y si no se sanaban, él ministraba a través del don del conocimiento. Él ministraría a sus corazones y oraba por la sanidad nuevamente y Jesús los sanaba. Tenía envidia santa. Después del servicio, le pedí a mi esposa que se fuera a casa porque quería hablar con este predicador. Lo agarré por el brazo y lo senté en mi auto. Lo miré y le dije: "¿Por qué Dios te usa tanto? Y por favor no me digas que es porque ayunas y oras", yo conozco a muchas personas que ayunan y oran, y no pasa nada, Dios no les usa tanto. Me sorprendió su respuesta cuando él me dijo: "El día en que perdí el temor a las opiniones de los demás fue cuando le permití que el Espíritu Santo me usara".

Sea un Conducto Fiel

En 1976, fui a Chile en Sudamérica para realizar cuatro grandes cruzadas. Tenía hambre de ver a Dios moverse con su poder sanador. Me encerraba en el hotel en el que me hospedaba y pasaba horas en oración. Hablaba con Dios y le hacía muchas preguntas. Le recordé lo que Jesús dijo, que haríamos mayores cosas que Él; de cómo fue a muchas ciudades; y cómo sanó a todos los enfermos. Pregunté por qué no hemos visto eso en nuestros ministerios. Entonces pensé... tal vez es porque Él era Dios, pero entonces recordé que Él dijo que Él lo hizo por el poder del Espíritu Santo. Le dijo a la gente palabras como "De acuerdo a tu fe será hecho" y "Tu fe te ha hecho completo o te ha salvado. Mientras meditaba sobre esto, el siguiente pasaje en Romanos vino a mí. "La fe viene por el oír y el oír la palabra de Dios." En ese momento comprendí que la gente recibía milagros porque Cristo hablaba de tal manera que todos los que lo escuchaban recibían fe para su milagro.

Pablo pidió oración para que hablara con audacia y claridad. Comencé a implorar en oración que pudiera hablar como Jesús habló, y que mi carne, o mis pensamientos no obstaculizaran Su palabra. Yo quería que Sus palabras fluyeran de mí hacia otros con claridad y valor. Le pedí que de mis labios fluyera la palabra sin adulterar y sin diluir. Esa noche, me paré frente a la multitud que estaba reunida en un estadio deportivo de Chile, y abrí la boca. Tuve, lo que me pareció, como una experiencia de fuera de mi cuerpo. Las palabras que salían de mi boca eran mucho más grandes que yo. Recuerdo haberme escuchado a mí mismo y decirle

"Eddie, ¿qué estás haciendo?" Si nada sucede esta noche, te van a echar de esta ciudad como un falso profeta, mira a todos estos periodistas sentados en el frente". Cuando terminé de predicar, me sentí desnudo y asustado. Me di la vuelta y di el micrófono al pastor más cercano. No me atreví a hacer un llamado al altar. Me arrodillé detrás del escenario y lloré. Sentí que le había fallado a Dios por mi falta de fe. De repente, el pastor con el micrófono me llamó y me dijo, mira a esta señora que quiere testificar. La oí decir en voz alta en español "Dios me tiró una piedra". El pastor insistió en que yo debía dejarla testificar. Yo estaba en estado de pánico. Comencé a ver los titulares. "Dios arroja piedras en el estadio deportivo." El pastor insistía en que debía testificar. Finalmente le dije al pastor "Por favor, Dios no tira piedras", él respondió: "Ella está diciendo, Dios me estiró la pierna". Mi español era tan malo, que mal entendí. En español suena casi igual. Ella nació con una pierna marchita, y cuando oyó el mensaje, ella miró su pierna y creyó que Dios la estaba sanando. Nació con una pierna que no se desarrolló correctamente. Justo delante de sus ojos, su pierna fue restaurada y sanada. Esa noche, hubo una explosión de milagros. Todo tipo de enfermedades salieron fuera, y la gente fue sanada de toda clase de enfermedades.

Al día siguiente, los encabezados de los periódicos decían: "MILAGROS INCREIBLES QUE ACONTECEN EN EL ESTADIO; ¡PERO SON VERDADEROS!"

De allí, fuimos a otra ciudad para celebrar otra cruzada. Un locutor me entrevistó. Él era un incrédulo y me acusó de engañar a la gente. Dijo que los gringos vinieron y pagamos a la gente para mentir y hacer creer que fueron sanados. Luego pidió permiso para estar a mi lado y entrevistar a las personas que supuestamente habían sido sanadas. Estuve de acuerdo. Esa noche, la primera persona que Jesús sanó fue una ciega que era su vecina. Se convirtió en un creyente esa misma noche. Cada noche subsiguiente, él permanecía a mi lado mientras yo oraba por los enfermos. Parecía mi asistente evangelístico.

Para ser un conducto fiel, debes cuidar de ti mismo.

Su cuerpo siempre está trabajando. Produce nuevas células, bombea sangre, absorbe oxígeno y mucho más. Moisés se sintió atraído por el arbusto ardiente porque el fuego no consumía el arbusto. El ministerio no debe causar agotamiento, ni consumirte. Si no cuidas tu cuerpo y tomas precauciones, causarás daño a tu cuerpo y a tu mente. Muchos pastores sufren derrames cerebrales y ataques al corazón después de sus 50 años. Debes obedecer las escrituras que dicen: "No te preocupes por nada". Debes aprender a disfrutar del ministerio y no llevar la carga. Dásela a Dios. La iglesia continuará sin ti. Toma vacaciones prolongadas. Cristo llevó a los discípulos a descansar después de sus grandes reuniones de avivamiento. Debido a las muchas personas que iban y venían, ni siquiera tenían la oportunidad de comer. Él les dijo: *"Vengan conmigo a un lugar tranquilo y descansen."* Marcos 6:31 (NVI).

Tómese al menos un mes al año. Creo que, como el pastor, usted merece una asignación ejecutiva de un mes de vacaciones. Tome al menos un día a la semana para la relajación total. Eres humano. Su cuerpo es limitado. El ejercicio es importante si desea maximizar sus años de servicio. La Biblia no dice que no tiene ningún beneficio, dice que beneficia un poco. ¡Un poco es mejor que nada! Debe instruirse y recibir instrucción edifíquense a usted mismo. Asista a conferencias en donde se les ministra a los ministros. Usted también es una oveja que necesita ser alimentada. Lea libros que edifiquen su espíritu y alegren su corazón. Haga todo lo que pueda para ayudar a su cuerpo, mente y alma. ¡Luego entrégueselo a Dios y acuéstese a dormir!

¿Cuáles son tus pensamientos sobre este capítulo?

_____
_____
_____
_____
_____
_____
_____
_____

¿Qué te impactó?

_____
_____
_____
_____
_____
_____
_____
_____

¿En qué áreas necesitas cambiar?

Capítulo 8
Tenga el Corazón de Dios

"Si Dios es su pareja, haga sus planes en grande."
D.L. MOODY

"Y os daré pastores según mi corazón, que os alimentarán con conocimiento y entendimiento."
Jeremías 3:15

Como ministros del evangelio, necesitamos seguir a nuestro líder, Jesucristo. Necesitamos hacer Su voluntad y no la nuestra. Esto es especialmente importante para aquellos que tienen seguidores. Como líder, influenciará a muchos hacia el camino correcto o incorrecto. Nuestra oración constante debe ser tener el corazón de Dios. Mire a Su mandato y envuelva todo su ser en el corazón de Dios. Que Su compasión y amor se conviertan en su poderosa guía. Cuando tienes el corazón de Dios, comienzas a tener grandes ideas y no le temes a nada. Otros te juzgarán como arrogante y presuntuoso. ¿Por qué? Porque "Dios es un Dios grande". Él está esperando que Sus ministros hagan grandes y poderosas hazañas en Su nombre.

Cuando David fue al campamento para llevar almuerzo a sus hermanos, oyó a Goliat desafiando a los israelitas. Inmediatamente quiso pelear con él. Sus hermanos lo acusaron de ser arrogante y malicioso. Ellos estaban juzgando el corazón de David (1 Samuel 17:28). Sin embargo, Dios dijo que el corazón de David era conforme a su corazón (1 Samuel 13:14 y Hechos 13:22). Esa es la manera en que otros verán a un ministro con el corazón de Dios. Tu corazón debe estar de acuerdo con el corazón de Dios. Empiezas a creer a Dios por grandes y poderosos proyectos. Tendrás un corazón como un león sin temor. La gente te mirará y dirá: "¿Quién se cree este que es?"

El corazón de Dios te dará un amor sobrenatural.

Usted amará lo que normalmente no se puede amar. Cuando otros te ofendan, gritarás "Padre, perdónalos". Llorarás por los perdidos y el presupuesto de tu iglesia reflejará tus prioridades.

Usted tendrá un gran amor por los niños y los jóvenes.

Su iglesia debe ser un lugar en el que los niños y jóvenes les encantan estar. Allí tendrán experiencias que marquen sus vidas y las que recordarán para siempre. El Ministerio de Jóvenes y Niños debe ser una prioridad. La iglesia tiene que tener Pastores de Niños y Jóvenes. Estos deben ser uno de los primeros ministros que reciben ayuda financiera. Si no puede darse el lujo de darles un salario de tiempo completo, deles un estipendio.

Según el Estudio del Grupo Barna, este es el momento más importante para evangelizar. "Durante años, los líderes de la iglesia han escuchado la afirmación de que casi nueve de cada diez cristianos aceptan a Jesús como su Salvador antes de los 18 años. Si esa estadística fue precisa en el pasado, ya no representa a la sociedad estadounidense. Casi la mitad de todos los estadounidenses que aceptan a Jesucristo como su Salvador lo hacen antes de cumplir los 13 años (43%), y dos de cada tres cristianos nacidos de nuevo (64%) hicieron ese compromiso con Cristo antes de cumplir 18 años. De los ocho nacidos de nuevo (13%), hicieron su profesión de fe mientras tenían entre 18 y 21 años de edad, y menos de uno de cada cuatro cristianos nacidos de nuevo (23%) abrazó a Cristo después de su vigésimo primer cumpleaños. Señalo que estas cifras son consistentes con estudios similares que se ha realizado durante los últimos veinte años."

Se ha demostrado que las experiencias de la niñez determinan lo que se siente emocionalmente a medida que se madura. A veces los niños sienten negatividad hacia las cosas y no saben el por qué. Muchos de nuestros hijos y jóvenes salieron de la iglesia para no regresar jamás. Todo lo que recuerdan es que eran considerados una molestia. Se les dijo que se quedaran quietos y se comportaran.

Debes tener una iglesia amigable con los niños.

Cuando los discípulos reprendieron a los niños, Jesús dijo: "Déjenlos ser" (Lucas 18: 15-17). Estoy seguro de que los discípulos no estaban contentos con el comportamiento de los niños, y, sin embargo, Jesús no se molestó. El ama a los niños más de lo que puedas imaginar. Siempre me he esforzado por tener una iglesia en donde los niños sean amados, y donde sean reconocidos. Siempre me aseguro de no sólo darles la mano a los padres, sino también les doy la mano a los niños. Creo que hemos logrado el tener una iglesia amigable con los niños cuando veo y escucho a los niños decirles a sus padres que no quieren irse luego que el servicio ha terminado.

Los jóvenes necesitan mucha atención.

Están en una etapa en sus vidas donde son extremadamente sociables. Los amigos son de suma importancia para ellos. Están pensando en citas, novios, novias e incluso en el matrimonio. El coqueteo es parte integral de su vida social. Ellos están tratando de descubrir sus carreras futuras, y su propósito en la vida. Si la iglesia no provee una vida social bien ocupada para su juventud, sus amigos inconversos la proveerán y serán atraídos. Muchas veces, es difícil para la generación más adulta aceptar los caminos de la nueva generación. A nosotros nos gustan diferentes estilos de música y de moda. Recuerdo haber observado a nuestro equipo de adoración juvenil. No me gustaba la forma en que algunos de los chicos cantaban y sacudían la cabeza, algunos de ellos su cabello largo se batía y se movía de lado a lado. Me sentí que estaban luciéndose, robándose el espectáculo. Decidí acercarme a ellos y corregirlos. En el camino para hablarles, el Espíritu Santo habló a mi corazón, y yo le oí decir: "Deja que sean jóvenes, es parte de su juventud". El Pastor Juvenil tiene mucho que hacer por su juventud. Usted debe entender el papel importante que el Pastor de la Juventud tiene en el futuro de su iglesia.

Debes tener un corazón atrevido y sin miedo.

Ejerce la autoridad del reino. Todos los principados y gobernadores han sido puestos bajo los pies de Jesús. Cuando yo era pastor en la iglesia Tabernáculo de Amor [Su nuevo nombre es Tabernáculo Internacional] en West Palm Beach, FL, el Señor depositó en mi corazón el levantar una carpa en el estacionamiento del edificio de la iglesia. El problema era que había leyes contra la colocación de esta carpa para reuniones dentro de los límites de la ciudad. La palabra llegó a los pastores locales, y me llamaron y desaconsejaron. Uno de los pastores locales me expreso que él lo intentó durante 7 años y la ciudad no se lo permitió. En obediencia al Espíritu Santo, fui al Ingeniero de la Ciudad y le pedí permiso. Ella me envió al Jefe de Bomberos y él me envió al Jefe de Policía. El Jefe de Policía me envió de vuelta al Ingeniero de la Ciudad. El ingeniero de la ciudad parecía desconcertado y finalmente me dio la autorización para poner la carpa. Dios los confundió a todos para que pudiéramos obedecer Su guianza. Mientras levantábamos la carpa, el Inspector de Fuegos vino y exigió hablar conmigo. Me pidió permisos. Le dije que no tenía nada escrito, pero que la ciudad me había dado el visto bueno para levantar la carpa. Comenzó informándome que era ilegal. Le hice saber que habíamos gastado más de $ 20,000 dólares y que, si él me ordenaba bajarla, demandaría a la ciudad por esa cantidad, porque el Ingeniero de la Ciudad me había dado permiso para hacerlo. Llamó al Ingeniero de la Ciudad y preguntó sobre esto. Cuando colgó, me miró un poco aturdido y me dijo que continuara con mis planes de levantar la carpa. La tuvimos durante 45 días y 400 personas respondieron al evangelio. Muchos fueron sanados y convertidos. Dios está en control.

Bajo el nuevo pacto, todos estamos llenos del Espíritu Santo, por lo tanto, no somos guiados por un profeta porque toda la iglesia está llena del Espíritu Santo. Estando pastoreando en Un Lugar de Esperanza, presenté la posibilidad de comprar un edificio a la congregación, pinté un cuadro muy negativo. Yo sabía que el Señor me guiaba, pero quería asegurarme de que entendieran a lo que nos estábamos enfrentando. Como dije en capítulos anteriores, debemos someternos unos a otros, por lo tanto, esto para mí sería una confirmación final. Presenté a la congregación un escenario negativo. Teníamos nuestro edificio actual con una hipoteca mensual de $8,000, que difícilmente podíamos pagar. Ahora tendríamos otro pago mensual de $20,000. Necesitábamos aproximadamente $250,000 para renovaciones en esta nueva compra, y teníamos cero en nuestros ahorros. Ellos votaron para seguir adelante y comprarlo. Mi cuñado me preguntó después de la reunión: "¿Por qué hablaste como si estuvieras en contra?" Le respondí: "Como pastor de esta iglesia, no quería influir en ellos. Quise asegurarme de que este movimiento estuviera de acuerdo con el impulso del Espíritu Santo. Aprendí hace años que cuando algo es la voluntad de Dios, una iglesia de oración lo sabrá".

El día que terminé el trato y recibí la propiedad, entré por la puerta principal y comencé a dudar. Mientras miraba alrededor de ese edificio de 19.000 pies cuadrados, vi una tarea imposible. El edificio estaba destruido y había estado sin uso por más de siete años. Las paredes y ventanas estaban rotas. La electricidad era un desastre. Había ido a arquitectos e ingenieros, y todos ellos estaban cobrando "el ojo y la cara" para presentar planes arquitectónicos y tratar de re-zonificarlo. Comencé a llorar y le pregunté a mi Señor si realmente había sido guiado por Él, o si estaba delirando. En ese momento, un caballero entró y me preguntó si podía mirar a su alrededor. Después de observar el lugar, se acercó a mí y dijo: "Pastor, puedo obtener la zonificación dentro de 30 días". Lo miré y pensé: "Debe pensar que soy un tonto". Le pregunté, con una leve actitud: ¿Cuánto es el costo? Él respondió: "Ni un centavo, le debo a Dios mucho más que esto". No sé si le creí en ese momento, pero me trajo lágrimas a los ojos. Más tarde dijo que cuando salía de ese edificio, estaba temblando y se preguntó: "¿Por qué dije eso?" No sólo fue capaz de cambiar la zonificación, sino que también nos dio el certificado de ocupación. ¿Cómo lo hizo? No tengo ni idea. También lo hizo en 21 días en lugar de 30. Las donaciones y los trabajadores voluntarios comenzaron a venir de fuentes inesperadas. Me sentí emocionalmente conmovido al ver cómo Dios hizo que esto sucediera.

Tengo una opinión personal de lo que sucederá cuando nos presentemos ante nuestro Rey. Tendrá dos libros para mostrarte. Uno será de tu vida, y el otro de lo que podría haber sido si le hubieras creído para cosas mayores.

Me imagino que este último será mucho más grueso que el anterior. Mi meta y la oración es que ambos sean iguales en tamaño. Si Dios nos ha llamado a ser ministros en Su reino, andad con valentía, humildad y en el Espíritu. Siempre obedezca la dirección del Espíritu Santo. Si lo haces, verás la gloria de Dios, y Él abrirá puertas que ningún hombre puede cerrar. Ora para que tu corazón sea conforme al corazón de Dios.

Hay un versículo en las Escrituras que dice el siguiente consejo que Jesús les dio a sus discípulos: "No alimentes tus perlas a los cerdos" (Mateo 7: 6-8). Lo que significa que, si alguien no quiere recibir su mensaje, entonces no se moleste en dárselo a él o a ella. Veo un principio espiritual en esta enseñanza. Dios no revelará sus tesoros a la gente que Él sabe que no le creerá. Como ministro de Dios, usted debe tener un corazón obediente. Sólo entonces podremos hacer Sus hazañas en Su nombre. Si tu corazón y tu mente están abiertos para recibir Sus planes impresionantes, entonces y sólo entonces Él comenzará a guiarte a las grandes cosas que Él quiere que hagas.

El reino de Dios debe ser tomado por la fuerza.

Camine en total obediencia. No dependan de sus escasos recursos, sino que dependen de sus recursos ilimitados. No hay nada imposible para los que creen. Tienes que entender que, con el corazón de Dios, no piensas fuera de la caja, piensas sin una caja. No dejes que tu pasado, tu cultura o tu paradigma se interpongan en el camino de la inspiración del Espíritu Santo.

¿Cuáles son tus pensamientos sobre este capítulo?
_____
_____
_____
_____
_____
_____
_____
_____

¿Qué te impactó?
_____
_____
_____
_____
_____
_____
_____
_____

¿En qué áreas necesitas cambiar?

_____

_____

_____

_____

_____

_____

_____

_____

Capítulo 9

Dé Gloria a Dios

*"Doy toda la gloria a Dios.
Es una situación en donde no hay pérdida.
La gloria sube a Él y la bendición cae sobre mí."*
GABBY DOUGLAS
(Ganador Olímpico de la Medalla de Oro)

Si hay un pecado al que Dios reacciona rápidamente es el orgullo. Sucede cuando le roban Su gloria.

Él castigó de inmediato a Nabucodonosor (Daniel 4: 30-33), por este pecado, haciéndole comer hierba como una bestia. Un ángel mató a Herodes (Hechos 12:23), cuando trató de obtener la gloria. Debemos ser cuidadosos y depender siempre de Él.

No tengas un espíritu altivo.

El orgullo viene antes de la caída (Proverbios 16:18). Jesús se asoció con los pobres y los marginados. Caminó entre la gente. No puedo ver a Cristo escondido en una oficina para que la gente no le moleste. Él dio su atención completa a aquellos que se le acercaron. Su amor se manifestó en Su andar y hablar. Él siempre le dio al Padre toda la gloria.

¡Es importante dejar que otros vean que es Dios haciendo!

En una de mis cruzadas, hubo una explosión de milagros. Una gran fe había sido derramada en los corazones de todos los que estaban allí presentes. Mientras yo estaba ministrando en la línea de oración, la gente me decía su dolencia. Les decía que ya estaban sanados y que se examinaban a sí mismos. Buscaban su dolencia, ya fuera un tumor, una extremidad marchita, un oído sordo, etc. Descubrían que estaban sanados. Verdaderamente, Jesús estaba presente. Ni siquiera tuve que orar por ellos. Durante ese tiempo, el Señor me detuvo. En una visión vi a Jesús ante la tumba de Lázaro. Lo oí decir, mientras levantaba Sus ojos al cielo;

"Padre te agradezco que me hayas oído. Yo sabía que siempre me oyes, pero lo dije para beneficio de la gente que está aquí, para que crean que tú me enviaste."

Juan 11:41,42

Inmediatamente comprendí que Dios quería que dejara que la gente me viera orar para que supieran que era Él y no yo quien los sanaba. Él no comparte Su gloria con nadie. Debemos salir del camino para asegurarnos que la gente sepa que es Él y no nosotros quien merece toda la gloria y todo el honor.

Asegúrese de que sus motivaciones sean puras.
Estas son algunas de las características de alguien que está lleno de orgullo y de vanagloria:

1. Cuando predicas sin tener una vida de oración. Sientes que eres suficiente
para hablar sin buscar la palabra que Dios quiere hablar a la Iglesia.

2. Usted quiere un edificio más grande y una multitud más grande para
competir con algún otro predicador o iglesia.

3. Usted piensa que su iglesia es la única iglesia que Dios le ha dado la ciudad.

Cuida tu Corazón

Confiese su orgullo ante el Señor. Siempre consulte a Dios en la oración sobre sus decisiones. Escuche a los que le rodean y considere siempre el consejo de los demás (Proverbios 11:14). Tenga a alguien en su vida a quien pueda rendirle cuentas y le responsabilice. Camina humildemente ante el Señor. Y siempre deje que la luz brille sobre Él y no sobre usted.

Caminar humildemente ante el Señor no significa menospreciarse a sí mismo o a su ministerio.

Debes honrar tu ministerio y reconocer que eres un embajador del Reino de Dios. Eres un hombre o una mujer de gran autoridad. Pero tú también eres, todo lo anterior porque Él es. Es por quien Él es. Es NUESTRO por su gracia y misericordia infalible.

"Los veinticuatro ancianos se postrarán ante el que está sentado en el trono,
y adorarán al que vive por los siglos de los siglos, y echarán sus coronas
delante del trono, diciendo: Tú eres digno, Señor nuestro y Dios nuestro,
para recibir la gloria, el honor y el poder; porque tú creaste todas las cosas,

y por tu voluntad existió y fue creado."

Apocalipsis 4:10,11

Tú lograrás el éxito en tu vida solo por la gracia de Dios. No debes hacer absolutamente nada sin la inspiración y la gracia de Dios. Tienes la bendición de ser un vaso que honra a Dios y camina en obediencia. Como regla, siempre debes esperar en Él para la dirección y el lanzamiento. Como líder espiritual, la mayor responsabilidad que usted posee para con aquellos que siguen su ejemplo y liderato, es mostrarle que usted se mueve por la voluntad de Dios.

¡Se fiel a tu llamado y a tu Señor!

¿Cuáles son tus pensamientos sobre este capítulo?

_____
_____
_____
_____
_____
_____
_____
_____
_____

¿Qué te impactó?

_____
_____
_____
_____
_____
_____
_____
_____
_____

¿En qué áreas necesitas cambiar?

Capítulo 10

Bendice y Protege

*"Cuando te enfocas en ser una bendición, Dios se asegura de
que siempre seas bendecido en abundancia."*
JOEL OSTEEN

Usted bendice y protege la congregación:

1. Orando por ellos constantemente.
2. Enseñándoles el corazón de Dios (Su Palabra).
3. Por su conducta.

Exploremos estos puntos de protección.

Ora Por Ellos

Pablo declara que él siempre presentaba a sus ovejas en oración (Efesios 1). Oraba oraciones muy específicas. Los vemos a lo largo de sus escritos. Jesús oraba constantemente por sus discípulos. Lo vemos especialmente en el libro de Juan 17: 6-26. Jesús sabía que Pedro iba a ser atacado por Satanás. Él oró al Padre para que su fe no desmayara y que su prueba lo hiciera más fuerte (Lucas 22:32). Samuel le dijo al pueblo de Israel que iba a pecar si no oraba por ellos (1 Samuel 12:23).

Cuando usted intercede por su congregación, Dios le llevará a orar por situaciones específicas que los miembros de su iglesia podrían estar pasando. Cuando esto sucede, he encontrado que es una experiencia útil y edificante, para esa persona específica, especialmente si los llamas y les dices cómo el Espíritu Santo te movió a orar por ellas. También recuerden interceder por todos aquellos que están en su comunidad, aquellos a quienes su iglesia alcanzará.

Una tarde estaba en oración en mi habitación. De repente, vi la cara de una de mis vecinas llorando. Inmediatamente sentí un impulso de ir a su casa. Le pedí a mi esposa que fuera a golpear su puerta. Mi esposa golpeo su puerta, pero ella no quería dejarla entrar. Mi esposa vio que estaba llorando y le preguntó si algo andaba mal. Mi esposa continuó diciéndole cómo Dios me había instado en oración a ir a su casa. Ella finalmente dejó entrar a mi esposa. Ella tenía una botella de vino y pastillas en su mesa y estaba a punto de suicidarse. Fuimos capaces de llevarla a Cristo.

Estaba asombrada de que Dios la quisiera tanto que nos llevó a ella en ese momento preciso.

Protégelos

Los proteges enseñándoles la Palabra de Dios. Nunca uses el púlpito para regañar o resolver un chisme. Si lo haces, darás de comer a las cabras y las ovejas pasarán hambre. Alimenta a las ovejas. Las cabras comerán cualquier cosa, pero las ovejas pueden morir si comen la dieta incorrecta. No ocupe el púlpito si está enojado. Compruebe su corazón y asegúrese de hablar con amor y ternura. En mis 50 años en el ministerio, he visto que cuando existe una situación negativa entre las ovejas, los nuevos convertidos están ajenos a ella. Hablar de la situación negativa desde el púlpito, sólo la empeora. Sólo debes enfocarte en la alimentación de las ovejas. Tu Padre "Dios" los ha puesto bajo tu ministerio. Él espera que usted los alimente y los proteja. Si no lo haces, Él hará lo que cualquier buen padre haría. Si usted pone a sus hijos en una guardería y descubre que no están bien atendidos, los pondrá en otro lugar. Enséñales la palabra de Dios y al hacerlo, crecerán sanos. Creo que esta es una de las cosas más importantes que puede hacer para su protección.

Muchas doctrinas falsas han aparecido, y muchas más se levantarán en los últimos días. Lo único que los mantendrá anclados y les protegerá es su conocimiento de la palabra de Dios.

Hablé con un policía que se especializa en la identificación de dinero falsificado. Le pregunté: "¿Cuántas falsificaciones has visto?" Él respondió, "Ninguna". Él continuó diciéndome que las falsificaciones siempre están cambiando. Se centran en conocer el dinero real, de esta manera pueden identificar cuando aparece el falso, porque han estudiado el verdadero.

Acción

Usted debe participar activamente en sus vidas para protegerlos. Mi padre, quien tiene 92 años de edad fue pastor durante muchos años. Un día, mientras conducía junto a él en mi automóvil el parecía muy pensativo. De repente dijo, como si hablara a sí mismo: "Yo no era un buen predicador, pero yo era un buen pastor". Si veía que un miembro no estaba en la iglesia el domingo, al día siguiente iba a visitar su casa o al hospital. Él miraba constantemente para ver quien se debilitaba en su fe. Cada día, a las 5 de la_mañana, veía a mi padre de rodillas orando por los miembros de la iglesia. Este es verdaderamente el más alto llamado. Sabemos que un pastor no puede hacerlo todo. Para ser buenos pastores, debemos aumentar nuestro personal pastoral para ayudar y proteger a las ovejas a medida que la iglesia crece.

Mientras caminaba en una de las calles principales en Yonkers un día vi a un miembro de mi iglesia que no había estado asistiendo a nuestros servicios y yo la había animado a ir a la iglesia con más frecuencia. De repente, vio a su marido con su amante. Se dio la vuelta y corrió hacia ellos. La amante sacó un cuchillo, e iban a tener un altercado físico. Allí estaba yo, un poco preocupado, ya que sabía que esto no iba a terminar bien. No quería entrar en medio de una pelea de gatos. Sentí que tenía que hacer algo. Me acerqué a la mujer y tomé su mano suavemente. Le pedí que se viniera conmigo. Mientras la alejaba de la situación, ella me rogó que la dejara ir. Quería pelear con esa otra chica. Pensé para mí mismo, "Ella está fanfarroneando. No la estoy tirando o sosteniéndola fuertemente. "Si ella quisiera, ella podría haber soltado fácilmente mi mano y pelear. Más tarde esa semana, ella fue a la iglesia y testificó que cuando la toqué, su cuerpo se sintió sin fuerzas como si fuera a desmayarse y se sintió totalmente drenada. Reconoció que Dios había intervenido a su favor. Una visita, una llamada telefónica o el toque de un pastor hace un mundo de diferencia en la vida de una persona.

La Escritura claramente enseña que no dominamos sobre ellos.

Usted debe dar un ejemplo de lo que un cristiano debe ser para que puedan imitar su conducta (1 Pedro 5: 2-3). Mientras caminamos en esta alta vocación debemos tener siempre en mente que daremos cuenta a nuestro Padre Celestial con respecto a aquellos que Él puso bajo nuestro cuidado. (Hebreos 13:7 y 17)

Su conducta, por encima de todo, es lo que les enseñará a vivir.

Esto les ayudará a tener claras sus prioridades sobre lo que es importante. Como ejemplo a seguir, debes dejar que tu luz brille. ¿Quieres tener una iglesia que adore? Ellos deben ver que usted le da a la adoración la importancia que desea que ellos le den. He visto a muchos pastores permanecer en su oficina durante la adoración y sólo salen cuando es hora de predicar. Algunas iglesias permiten reuniones durante su tiempo de adoración. Algunos incluso dicen que la predicación es el momento más importante en el servicio, pero la adoración es igual de importante. Debemos darle tanto respeto e importancia al tiempo de adoración como lo hacemos a la predicación de la palabra. Una iglesia que adora en espíritu y en verdad hará que descienda la gloria del Señor.

"Mas tú eres santo, oh tú que habitas las alabanzas de Israel."
Salmos 22: 3. (KJV)

El pastor debe adorar junto con la congregación. Sólo esto les enseñará la importancia que le das a la adoración. A nadie se le debe permitir celebrar reuniones durante la adoración. A través de su conducta, usted mostrará a la congregación la importancia que hay en la adoración.

Hazlo con alegría.

No puedes salvar ni cambiar a nadie. Sólo ámelos. Sé un ejemplo y sepa que Dios es el único que puede salvar y transformar. Recuerde, ni siquiera Jesús fue capaz de complacer a todos sus discípulos. Judas lo traicionó y se apartó. No somos mejores que nuestro Señor y Salvador.

Debe enfocarse en las ovejas. Hay muchas distracciones en el ministerio, por lo tanto, debe ser diligente y enfocado en lo que es importante. Priorizar y mantener la concentración y el enfoque en lo que es importante es básico.

¿Qué podría ser más importante que ganar a los perdidos y mantener a las ovejas afirmados en Su voluntad?

¿Cuáles son tus pensamientos sobre este capítulo?

_____
_____
_____
_____
_____
_____
_____
_____
_____
_____

¿Qué te impactó?

_____
_____
_____
_____
_____
_____
_____
_____
_____
_____

¿En qué áreas necesitas cambiar?

_____
_____
_____
_____
_____
_____
_____
_____
_____

Capítulo 11

Enfocados

"Cualquier iglesia que no está seriamente involucrada en ayudar a cumplir la Gran Comisión, ha perdido su derecho bíblico a existir."
OSWALD J. SMITH

Cuando estaba trabajando en el campo de las ventas, me di cuenta de que los clientes que se veían y actuaban como los más enojados eran los que compraban. Tuve que dejar a un lado mis mecanismos de defensa y concentrarme en el objetivo: vender, vender y vender.

Como ministro, usted debe centrarse en el panorama más amplio.

Mi trabajo es mostrarle a Cristo. Todo lo demás es secundario. La parábola del Buen Samaritano lo muestra claramente (Lucas 10:25-3). Pasó el herido. Dos líderes religiosos caminaron y no pararon para ayudar. El levita y el sacerdote estaban probablemente en camino hacia un evento religioso. Estaban en el negocio de la iglesia. Habían perdido su enfoque. Estoy seguro de que lo que tenían que hacer era importante. Mientras que, el laico de otra denominación se detuvo, aunque, él también tenía otras cosas a hacer. Esa ruta era transitada por personas que hacían negocios en otros lugares. El samaritano se detuvo porque vio a un ser humano en necesidad. El dio prioridad al dolor de otra persona. Eso era antes y sobre todas las demás necesidades apremiantes.

¡Recuerda, se trata de almas!

Usted puede estar tan atrapado en sus responsabilidades religiosas, que se convierte en un clero profesional haciendo buenas obras religiosas y olvidando lo que lo llevó al ministerio.

Lo que me lleva a preguntarte... ¿qué te hace pensar que tienes un llamado?

La señal más convincente de que se te insta a ser ministro es tu profunda preocupación y amor por las almas de los hombres. Usted ve cómo la humanidad está perdida, y usted está obligado a decirles de este evangelio glorioso. Si quieres ser ministro porque te gusta hablar, o porque te gusta el prestigio del título, tus motivos están mal dirigidos. Considere otro campo de trabajo. Lo que nos impulsa a ser ministros es nuestra compasión y amor por las personas, por la gente y sus almas (1 Corintios 9:26). Tu deseo es hacer lo que está en el corazón de Dios, dirigir a los perdidos a la cruz a cualquier precio.

Volvamos a la parábola del Buen Samaritano. Cuando lo llevó a la posada, le dio al encargado de guardar la posada el dinero suficiente para cuidar al herido. Entonces él dijo: "Si gastáis más que esto, cuando yo vuelva les pagaré" (Lucas 10:35).

Ir más allá de lo que se espera de usted.

Esté listo para sacrificarse por las almas. Cuando Cristo regrese, él te recompensará. En mi primer pastorado tuve un miembro que probó mi paciencia. Siempre criticaba y se quejaba. Era parte del equipo de adoración como percusionista. Él tocaba un instrumento conocido como güiro. Era la época en que las iglesias comenzaron a incluir las guitarras eléctricas. Bueno, él se sintió excluido, por lo que puso un micrófono en el "güiro". Se podrán imaginar el ruido desastroso que emitía. Yo no aguantaba más estaba al

Enfocados

final de mi tolerancia. Estaba a punto de hablar con él cuando la misionera de la iglesia me llevó a un lado y me dijo: "Pastor antes de hablar con él, permítanme darles el trasfondo de cómo él llegó aquí. Él se pasaba en la ciudad de Yonkers todo el tiempo subiendo y bajando por las calles gritando y hablando consigo mismo. Un día entró en la iglesia, se acercó al servicio de oración él estaba poseído de demonios. Hicimos tres días de ayuno en la iglesia con él hasta que fue libre. Por favor pastor, sé amable con él. Eso realmente abrió mis ojos para ver el valor de un alma, y me ayudó a ser más tierno con él.

Después de ejercer el pastorado por algunos años, estaba bastante cómodo con mis deberes pastorales. También servía en mi denominación como oficial ejecutivo. Un domingo luego del servicio, una joven pareja se acercó a mí. El joven y su esposa tenían veintitantos años. Ella tenía hermosos cabellos rojos y rizados, y él parecía cargado. Compartieron conmigo su situación. Se casaron en Puerto Rico y tuvieron dos hijos. Ella era una niña inocente e ingenua. Se mudaron a La Florida y su primo insistió en que ella debía probar una droga llamada "Crack". Este fármaco es un derivado de la cocaína altamente potente.

Inmediatamente se obsesionó con esta droga. Salió a las calles y se prostituyó, para sostener su vicio y comprar más drogas. Me suplicó que la sacara de las calles. Le pregunté a ella si quería dejar esa vida, y me rogó que necesitaba ayuda. Hicimos la oración de salvación, luego miré mi calendario y noté que tenía otros compromisos para el lunes y el martes, pero les aconsejé que pudiera llevarla a un centro cristiano de rehabilitación el miércoles. Les dije que se reunieran conmigo en la iglesia el miércoles a las 10 a.m. Llegó el miércoles y no aparecieron. Esa noche, mientras veía las noticias de la tarde, su rostro apareció en la pantalla. Encontraron su cuerpo en una zanja, lleno de balas. Estaba tan abrumado por la tristeza. Comprendí, en ese momento, que mis prioridades estaban fuera de orden. Me sacudió hasta el corazón. Esto se trata de almas. Todo lo demás es secundario.

Misiones

Si hacemos Su prioridad nuestra, comenzaremos a caminar en otra dimensión. ¡Haga el mandato de Dios su mandato! Vayan al mundo y hagan discípulos. Los programas de la iglesia deben reflejar ese mandato. Si realmente lo hace, sus misiones y forma de dar para ellas será ridículamente enorme. Sus miembros serán ganadores de almas. Nada obstaculizará tu visión. Él te dará todo lo que necesites para hacer Su trabajo en el reino.

Difundir el evangelio no es solo predicar. También hay que hacer. Durante_muchos años, algunos en la iglesia han criticado los ministerios de compasión. Algunos incluso han dicho que la iglesia no debe involucrarse en otra cosa que predicar. Han ministrado bajo la falsa pretensión de que el alcance social era una contradicción con la misión. Esa es una doctrina totalmente errónea. Incluso Jesús alimentó a la multitud por compasión, y atendió a la necesidad social de su madre mientras estaba en la cruz. Debemos, como ministros, ministrar a todo el hombre. Debemos alimentar a los hambrientos, tener centros de rehabilitación, rescatar a la gente de la esclavitud sexual, iniciar hospitales, abrir escuelas en lugares de necesidad, y la lista continúa.

No olvide lo que Jesús enseñó:

"Porque tuve hambre y me diste de comer, tuve sed y me diste de beber, yo era extraño y me invitasteis. Necesitaba ropa y me vestías, estaba enfermo

Eddie Rodriguez

y cuidaste yo estaba en la cárcel y viniste a visitarme."

Mateo 25:35-36 (NVI)

Este mandato grita y clama a la iglesia "¿Dónde estabas cuando necesitaba comida, ropa o una visita?" El amor no debe ser sólo una emoción <u>expresada</u> en palabras. Debe ser una acción. ¿Qué importa si abrazas a un niño hambriento y no lo alimentas a él, o si encuentras a una persona desnuda y no lo cubres? Al extender una mano amiga, usted predica el sermón más poderoso. Se abrirá sus corazones para escuchar lo que tiene que decir. Entonces, oirán el mensaje de la cruz porque lo vieron en acción primero.

Esto es de lo que trata el verdadero ministerio. No es sólo hacer, sino también enseñar a otros a hacer lo mismo. Esto es lo que determina el futuro de la una iglesia.

No se trata sólo de lo que haces, sino de inspirar a otros a sentir la misma compasión y responsabilidad.

Enfocados

¿Cuáles son tus pensamientos sobre este capítulo?

_____
_____
_____
_____
_____
_____
_____
_____
_____

¿Qué te impactó?

_____
_____
_____
_____
_____
_____
_____
_____
_____

¿En qué áreas necesitas cambiar?

_____

_____

_____

_____

_____

_____

_____

_____

_____

_____

Sección 4

Ministerio

Capítulo 12

Modelos de Liderazgo

"Los líderes se hacen grandes, no por su poder, sino debido a su capacidad de empoderar a otros."
JOHN MAXWELL

Veamos los tres estilos de liderazgo. Todos estos estilos tienen su uso en la iglesia. Estos tres niveles diferentes conducen progresivamente al objetivo final de cada iglesia... producir líderes. **Los tres tienen su temporada.**

Tres Modelos de Liderazgo

El primer tipo de líder se coloca en la parte delantera de la oveja y todos él lo siguen. Él lo hace todo. Él es el hombre orquesta. Este estilo es necesario y _al comienzo de la plantación de iglesias.

Cuando usted comienza una iglesia, usted tiene muy poca opción, debe seguir el primer modelo. Todos son nuevos, y es posible que no tenga un equipo de apoyo. En el inicio de una iglesia, es posible que tengas que hacerlo todo. Esto puede incluir la limpieza de la sala de reuniones, apagar las luces cuando la iglesia ha terminado y otros.

Esta debe ser una temporada muy corta.

El segundo tipo de líder está entre las ovejas... la gente. Él es amigo de cada uno de ellos, y está involucrado en su caminata diaria.

Este segundo nivel es cuando el pastor comienza un entrenamiento más intensivo. Los miembros comienzan a descubrir su propósito y función en el cuerpo de Cristo.

Este es el momento de construir su rebaño. El grupo que tienes es todavía lo suficientemente pequeño como para estar más involucrado en su crecimiento. Ustedes deben estar entrenando líderes y discípulos. Este modelo lo abrumará. A medida que la iglesia crece, los miembros esperarán que usted esté con cada uno de ellos. Si usted permanece allí por un tiempo demasiado largo, creará una dependencia malsana de su persona en la iglesia.

El tercer tipo de líder usted está detrás de las ovejas. Los insta y los motiva. Sus ojos están en todos.

Este es el objetivo final de un líder. Todos saben y conocen su función y su papel y el pastor se convierte más en el de un entrenador para motivar y alentar.

Esto es cuando la iglesia tiene una visión clara, y los han equipado para cumplir su parte en el cuerpo de Cristo. Usted está allí para motivar, entrenar y asesorar. Esta es una iglesia madura que ha llegado a la conclusión de que también son responsables de los demás. Ya no es el trabajo del pastor solo. Ellos también tienen una misión que cumplir, y ya han definido su función en el cuerpo de Cristo. Si te quedas demasiado tiempo en el primer modelo, causará agotamiento y estrés.

La congregación no quiere que huelas como ovejas.

Quieren que despidas un aroma celestial; una fragancia de alguien que ha estado en la presencia de Dios. Si hueles a ovejas, te muerden. Mi hermano mayor era un candidato para su doctorado PHD cuando me dijo "Eddie cuando voy a la iglesia no quiero oír sólo otra disertación eso lo oigo de los profesores. Voy a la iglesia para recibir una palabra de Dios.

Miremos el pasaje, mis ovejas oyen mi voz. Juan 10: 1-3

Muchas veces he oído a predicadores decir, que cuando nuestra voz es escuchada, las ovejas seguirán. Pero, nada puede estar más lejos de la verdad. En esta parábola, Jesús es la voz. Es el Espíritu Santo que sonará verdadero en los corazones de las ovejas. ¿Dónde estamos, los pastores, en esta parábola? Somos los "porteros". Abrimos o cerramos la puerta.

Hablemos del papel del pastor como el guardián.

Nuestra responsabilidad como guardianes es asegurarnos de que el Espíritu Santo se le da preeminencia en medio de nosotros. Necesitamos vigilar para que los que ocupan nuestros púlpitos traigan una palabra del Señor. Debemos asegurarnos de que no cerramos lo que el Espíritu Santo quiere hacer, sino que cerramos esa puerta estrecha a las influencias demoníacas y carnales.

Repasemos los tres niveles de liderazgo.

Estos tres niveles son fases vistas en el desarrollo general de la iglesia. **El primer nivel,** es para los nuevos convertidos. **En el segundo nivel,** es cuando los ayudas a descubrir su propósito en el cuerpo de Cristo. Una vez que han descubierto ese propósito, entras en **la tercera fase**. Usted se convierte en un facilitador para que puedan cumplir con su propósito. Ellos a su vez también discipularán a otros.

¿Cuáles son tus pensamientos sobre este capítulo?

_____
_____
_____
_____
_____
_____
_____
_____

¿Qué te impactó?

_____
_____
_____
_____
_____
_____
_____
_____

¿En qué áreas necesitas cambiar?

_____
_____
_____
_____
_____
_____
_____
_____

Capítulo 13

Equipa la Línea del Frente

"La vida cristiana no es un patio de recreo. Es un campo de batalla."
(AUTOR DESCONOCIDO)

Las Escrituras hablan de una batalla. Estamos en guerra, (Matco 11:12) y esta guerra es real. No se equivoque. Muchos son heridos e incluso muertos. Es una batalla constante contra los principados de las tinieblas (Efesios 6:12). Satanás formula estrategias sobre cómo derrotar a los soldados del reino de Dios.

Escuché muchas enseñanzas como un joven predicador. Una de ellas decía: "Los ministros están en las líneas de frente de la batalla." Lo creí durante muchos años. ¡Qué equivocado estaba yo!

Como ministros, estamos rodeados de creyentes. Se dirigen a nosotros como Pastor o Reverendo. Cuando estamos presentes observan lo que dicen y cómo lo dicen. Pasamos el día haciendo la obra de Dios, ya sea visitando a los enfermos, orando o estudiando la Biblia. Por otro lado, los miembros de nuestras congregaciones están entre los que no creen y algunos que odian el evangelio. Están constantemente expuestos a las tentaciones y al ridículo, circunstancia que nosotros como ministros no estamos expuestos. Vienen los domingos, heridos, golpeados y exhaustos por la lucha.

¡Primero de todos, nuestros miembros de la iglesia están en la línea delantera!

¿Qué necesitan? Necesitan ser sanados, reabastecidos, motivados y consolados. Están en la línea de frente. Debemos ser los hospitales de Dios, motivadores y sanadores de los soldados del Señor. Necesitamos suministrarles las armas y la alimentación necesarias.

No olvidemos. Cualquier enemigo decente intentará cortar la fuente de suministro y destruir la infraestructura.

El enemigo sabe que puede desmoralizar a las tropas haciendo esto. Debemos ser conscientes de nuestro rol. Cuando vienen a ti el domingo, necesitan escuchar una palabra del cielo. Necesitan ser curados y motivados. ¿Cuántas veces son golpeados por el enemigo durante la semana solamente para ir a la iglesia y ser golpeados por el predicador?

Miro hacia atrás a las batallas de Israel. Mientras los soldados de Dios luchaban, Moisés estaba en la montaña con sus brazos levantados en intercesión. Mientras sus manos fueron levantadas, el ejército de Dios ganaba, pero cuando bajaba sus manos comenzaban a perder. Debes interceder por los que Dios te ha dado. Ellos vienen los domingos creyendo que mientras ellos estaban en el valle, ustedes estaban en la montaña recibiendo una palabra del Señor para ellos. Ellos sabrán si estabas en la montaña. Ellos sabrán cuando hables la palabra del Señor en sus corazones.

La congregación no quiere que huelas como ovejas, y Dios quiere que los protejas.

Quieren que su pastor esté en la presencia de Dios mientras están en el valle de la batalla. Cuando se sientan en el banco, quieren escuchar una palabra del cielo, procedente de alguien que ha estado en la montaña. Tenga cuidado de no ignorar su tiempo con Dios. Su primera prioridad es su relación con el Señor, no con el pueblo.

Para tener la mente de Dios, debes alejarte del ruido que te rodea. La negatividad a tu alrededor puede cancelar la mente de Dios en tu corazón. Como pastor joven, uno de mis mayores arrepentimientos fue que permití que algunos predicadores ocuparan el púlpito, y eso causó daño a mi congregación. Desde entonces, he sido más diligente y cauteloso. No me meto en el camino ni permito que nadie más se interponga en el camino de lo que el Espíritu Santo quiere hacer. Tenga mucho cuidado en cuanto a quién le permite predicar y enseñar a su iglesia. No se sienta obligado a invitar a alguien sólo porque le pidió que los invite.

Pablo los envió con cartas de referencia.

La Biblia esbozó claramente el método usado por los apóstoles. Uno de los dones más malinterpretados del Espíritu Santo es el don del discernimiento. La referencia a este don es usada por muchos para manipular al pastor para que se invite a sí mismo a su púlpito. Muchos predicadores dirán: "¿No tienes el don del discernimiento?" Ellos implican que, si usted necesita referencias, entonces usted no es espiritual. La iglesia primitiva estaba muy clara. Enviaron a sus emisarios con cartas.

Ejemplos: La carta enviada a Filemón sobre Onésimo (Romanos 16: 1-2). Además, a lo largo de sus escritos, Pablo recomendó diferentes ministros a la congregación local.

Estas son algunas de las cosas que debes pedirle a un predicador que no conoces.

1. Necesito tener una relación contigo.
2. Necesito dos cartas de referencia. Una de tu pastor actual y otra del pastor que le ayudó en su primer caminar en Cristo, (si es diferente).
3. No estoy interesado en una carta de un pastor que me diga cómo Dios te usó en su iglesia. Eso no habla de tus frutos, solo de tus dones. Tus dones no dicen nada de tu vida personal o doctrina. Jesús dijo que los conocerías por sus frutos.

Equipa la Línea del Frente

En esta guerra, nuestro General es Dios Padre, Hijo y Espíritu Santo. Proporciona la logística y los planes de ataque y defensa. Los ministros son lo que implica esta palabra "ministros". Usted debe servir. Somos los médicos, las enfermeras, los curanderos y los alentadores. Nuestros miembros de la iglesia son los que están en las líneas delanteras.

¿Cuáles son tus pensamientos sobre este capítulo?

_____
_____
_____
_____
_____
_____
_____
_____

¿Qué te impactó?

_____
_____
_____
_____
_____
_____
_____
_____
_____

Equipa la Línea del Frente

¿En qué áreas necesitas cambiar?

Capítulo 14

Empodera a Otros

*"Tu quiere hijos, no para sostenerlos toda la vida, sino para verlos
crecer y hacer su propia familia y legado."*
EDDIE RODRIGUEZ

La Escritura nos dice que el propósito del ministro es equipar a los santos para que entren en la plenitud de Cristo.

Mi meta como ministro es ver que cada miembro en la iglesia cumple su llamado.

El pastor es un facilitador. Debemos ayudar a los santos a entender y hacer lo que Dios les ha pedido que hagan, para que descubran sus dones y talentos y funcionen en el Reino de Dios.

"Y dio a algunos para ser apóstoles; y algunos, profetas; y algunos, evangelistas; y algunos, pastores y maestros; para el perfeccionamiento de los santos, para la obra del ministerio, para la edificación del cuerpo de Cristo." Efesios 4:11-12

Esto se refiere al cuerpo de Cristo, que es la iglesia. Su congregación es parte de esa iglesia. A veces se equipa para que puedan salir. No retengas a los llamados. No debes ser egoísta. A veces entrenarás para que tus discípulos puedan bendecir a otra congregación. Usted debe tener una mentalidad de reino. ¿Qué es una mentalidad de reino? Es cuando usted ve que su trabajo no es sólo para construir su congregación, sino para construir otras congregaciones, bendecir a otras congregaciones y enviar misioneros a los cuatro rincones de la tierra. Te regocijas cuando crecen otras congregaciones.

Muchas iglesias son más como un crucero.

Un pequeño porcentaje, hace el trabajo; y la gran mayoría pasan por "lounge" y toman piñas coladas. Pero, la iglesia debe ser más como una Nave de guerra, donde cada persona tiene un trabajo que hacer. No hay sillas para broncearse. Todos son esenciales en su trabajo. Debe ser un buque de transporte que envía aviones de guerra con una misión específica, sólo para volver a repostar, salir una y otra vez.

Muchos ministros toman la carga sobre sí mismos. Debe permitir que cada miembro tenga una visión para sus vidas.

"Porque como el cuerpo es uno, y tiene muchos miembros, y todos los miembros del cuerpo, siendo muchos, son un cuerpo; así también es Cristo.
Porque el cuerpo no es un miembro, sino muchos.
Pero ahora Dios ha puesto los miembros cada uno de ellos en el cuerpo, tal como le agrado. Y si todos fueran un miembro, ¿dónde estaba el cuerpo?
Pero ahora son muchos miembros, pero un solo cuerpo."
1 Corintios 12:14,18-21

Nuestro Dios es un Dios creador. Le gustan las cosas nuevas.

Él dijo: "Haré algo nuevo". Él quiere verter vino nuevo en pieles odres de vino nuevas. Dijo: "Quiero una nueva canción". Jesús dijo: "Yo beberé vino nuevo". Fue enterrado en una nueva tumba.

Me he sorprendido con lo que han hecho los miembros de mi iglesia. Una iglesia que tiene a cada miembro trabajando en su propósito, sólo puede crecer saludable.

El peligro o la muerte de su alegría y su ministerio es cuando usted micro-maneja. Debe delegar y confiar en los delegados. ¿Cometerán errores? Por supuesto, todos lo hacemos. Tendrá que estar allí para entrenarlos y motivarlos.

Nunca permita que ningún líder hable despectivamente de otro líder.

Una de las características más importantes que pido a todos es que cuando sirven en la iglesia, siempre deben actuar y reaccionar en el amor. No permito que un líder siervo desprecie a nadie. Estamos llamados a amar.

Como joven cristiano, muchas veces escuché a los pastores decir: "Si no estás de acuerdo con mi visión, ahí está la puerta".

Bueno, un domingo por la mañana dije esas palabras a la iglesia. Cuando llegué a casa, fui a orar. Inmediatamente, el Espíritu Santo me redarguyó. En mi corazón, y con claridad, comprendí que había ofendido a Dios. Yo oraba pidiendo perdón. En el siguiente servicio, me presenté ante mi congregación y humildemente me disculpé por lo que había dicho. Hubo una efusión de amor. Los santos fueron profundamente tocados, y hubo lágrimas y adoración. Una fiesta de abrazos estalló. Como ves pastor, esto se trata del amor y compasión. Cada miembro funciona para cumplir el propósito de Dios en esta tierra. El llamamiento de Dios para cada ministro es el ser una bendición para aquellos que los rodean. Eres el conducto donde la palabra y el amor de Dios pueden fluir hacia los demás.

Mantén esto en mente, ellos son hijos de Dios.
De la misma manera que un padre ama a sus hijos, así Dios ama a Sus hijos. Una vez más, si llevas a tus hijos a un cuidado diurno y descubres que están siendo maltratados y no están siendo bien alimentados, encontrarás otro lugar donde sean cuidados de forma más amorosa y atenta. Nuestro Padre Celestial hará lo mismo con Sus hijos. Él los quitará y los tomará y los colocará en donde serán amados. Así que camina en el amor y asegúrate de que estás alimentándolos con comida saludable. Siempre asegúrate de que su corazón está de acuerdo con el corazón de Dios.

Empodera a Otros

Se te ha dado la responsabilidad de velar por Sus hijos. Usted debe alimentarlos, consolarlos y alentarlos dándoles una nueva palabra, especialmente cuando están heridos o desalentados.

La escritura dice claramente que usted dará cuenta de sus almas. (Hebreos 13:11)

¿Cuáles son tus pensamientos sobre este capítulo?

_____
_____
_____
_____
_____
_____
_____
_____
_____

¿Qué te impactó?

_____
_____
_____
_____
_____
_____
_____
_____
_____

¿En qué áreas necesitas cambiar?

_____
_____
_____
_____
_____
_____
_____
_____
_____

Capítulo 15

Ama a La Gente

*"Todo está resumido en una palabra, "amor".
El trabajo del Espíritu Santo es convencer,
El trabajo de Dios es juzgar, y mi trabajo es amar."*
BILLY GRAHAM

Inspiración Espiritual

Debes saber que Dios te ama más de lo que puedas imaginar. Él es Tu protector, defensor y tu mayor Abogado. Él ama a tu familia y los cubrirá bajo Sus alas. Él nunca te dará más de lo que puedes llevar. Él permite errores, y recuerda que somos solo polvo. Él cree en ti. Te llamó, sabiendo que cometerás errores y fracasarás. Esas cosas no le tomarán por sorpresa. Muchas veces querrás dejarlo todo y renunciar. Eso es normal. Confía en Su gracia. Su bondad y Su misericordia te seguirán todos los días de tu vida. Él quiere que seas feliz. Él quiere que estés saludable, de modo que puedas rendir muchos años de servicio. Él hará que cada maldición que se habla en contra suya se convierta en una bendición. Aprende a regocijarte cuando la gente hable de ti.

¡Déjeme compartir algunas de mis experiencias de Su amor!

Cuando mi esposa estaba embarazada de nuestro tercer bebe, una mujer llamó a nuestra puerta a las 2 a.m. de la madrugada. Era un miembro de la iglesia que pastoreábamos. Ella estaba enojada conmigo porque su hijo de 22 años quería casarse, y le di mi bendición. Ella estaba en contra de que él se casara. Cuando abrí la puerta, comenzó a lanzar palabras de odio sobre mi esposa. Empezó a maldecir su embarazo y maldijo a la criatura que estaba por nacer. Comenzó a decir que el niño nacería enfermo y que sería un niño enfermo toda su vida. Mi esposa estaba visiblemente sacudida después de que esas palabras vitriólicas ácidas y llenas de mal humor y ásperas fueron vomitadas hacia ella. Esa maldición se dio la vuelta, y todo lo contrario ocurrió. Michelle nació tan sana, que el médico entró en la sala de espera en estado de "shock", anonadado. Comenzó a informarme que Michelle parecía estar levantando pesas. Su físico era excepcional. De niña, era la más sana de mis tres hijos. Ella nunca se enfermó, y ese fue el patrón en toda su vida. Siempre que alguien hablaba palabras para dañar a mi familia o a mí, Dios siempre las convirtió en una bendición. Así que regocíjense y vivan rodeados del amor de Dios.

Recuerde, esta es la iglesia de Dios.

No camine en esta vida agobiado. Sólo Dios puede salvar a los matrimonios y a las personas. Todo lo que necesitas hacer es orar por ellos, y amarlos de la misma manera que Dios te ama. Dios velará por su familia. Hemos aprendido que cuando el enemigo nos lanza una flecha, cuando nos alcanza, Dios la convierte en una rosa.

Hace años, antes que existieran las computadoras y los teléfonos celulares, fui a Sudamérica por cuatro semanas. Tuve cuatro grandes cruzadas allá. Tenía una gran preocupación, con mi segunda hija, Darlene. Tenía sólo tres años, y no se dormía hasta que yo le diera muchos besos. Ella me pedía que la besara y decía, otra vez repetidamente antes de caer dormida. Esto realmente me preocupó y me hacía sentir culpable por dejar a mi familia durante tanto tiempo. Finalmente recibí una respuesta de mi esposa. Le había escrito una carta donde le pregunté acerca de Darlene.

Mi esposa me informó que la primera noche Darlene lloró por un rato, pero cada noche después no lloraba. Mi esposa le preguntó por qué ya no lloraba. Darlene contestó: "Papá entra en mi habitación todas las noches y me da muchos besos". Levanté mis ojos llenos de lágrimas y alabé a mi amoroso Padre. El hecho de que Él hiciera esto por mi hija fue una revelación de lo profundo que es el amor de Dios para Sus siervos y su familia.

Debes amar a la gente tanto como Dios te ama.

Si dejas de amar a la gente, el ministerio te desgastará. Dios no te llamó para cambiarlos ni para manipularlos. ¡Solamente ámalos!

Siempre habrá personas que vendrán en contra suya.

No eres mayor que Jesús. Él tenía doce discípulos y uno de los doce se fue en su contra. Sin embargo, aun así, todavía le lavaba los pies, y no le sacó del equipo.

El Apóstol Pablo sabía que una de las dinámicas de su felicidad era la gente. Sabía que, si los hacía perder su alegría, también perdería la suya. Por lo tanto, se aseguró de que sus palabras siempre darían lugar a que su alegría fuera mantenida o restaurada (2 Corintios 2: 1-4).

Pastores, deben recordar esta dinámica de las Escrituras. Asegúrese de que usted predica y enseña con esto en mente. Una congregación que tiene un pastor que practica esta dinámica es una congregación fuerte. La alegría del Señor es tu fuerza (Nehemías 8:10).

No olvide que la cizaña y el trigo crecerán juntos.

No es tu trabajo separarlos. En Su regreso, Él separará la cizaña del trigo. Él advierte, "Al tratar de extirpar la cizaña, también podrías arraigar la del trigo." Mateo 13: 24-30

Había un hombre en la iglesia que pastoreaba en Yonkers que no estaba actuando correctamente. Iba a confrontarlo. Yo sabía que el carácter de este hombre era del tipo que dejaría la iglesia cuando le confrontara. Pero, sus acciones fueron tan atroces que sentí que no tenía otra opción. La noche antes de que tuviera que enfrentarlo, mientras estaba en oración, tuve una visión muy desconcertante. Vi a este hombre abandonar al Señor, y su esposa e hijos lloraban mientras los obligaba a seguirlo en su camino destructivo. El Señor abrió mi entendimiento. La palabra de Dios a mi corazón fue la siguiente, "Por el amor de su familia déjalo". Debes amar como Jesús ama.

Mientras yo era el superintendente de mi distrito, aconsejé a un ministro que estaba fuera de control. Había sido un importante narcotraficante en Panamá. Venía de un pasado violento. Cuando el Presbítero trató de corregir algunas conductas hacia su iglesia, la reacción de este pastor fue descarada, irrespetuosa y amenazante. Se me pidió que tratara con este pastor. Mientras hablaba conmigo, también sus palabras eran intimidantes, amenazadoras y cargadas de ira y enojo, estaba escribiendo todas las razones por las que tenía que ser removido del pastorado. Cuando terminó de hablar, estaba a punto de leerle esa lista. En ese momento oí en mi espíritu estas palabras: "Olvidaste escribir un artículo más ... que lo amo". Rompí la lista y lo invité a orar conmigo. Lloramos ante el Señor y nos abrazamos.

Muchas almas estarán sentadas en su audiencia que desafiarán su teología. Por ejemplo, muchos estarán en sus bancos que tendrán atracciones por su mismo sexo. La homosexualidad se ha convertido en un estilo de vida desenfrenado en nuestra sociedad. La iglesia se enfrentará a este desafío. Sólo ten en mente la visión que Dios le dio a Pedro en la casa de Simón. Vio una sábana que descendía del cielo con animales inmundos, y Dios le dijo que matara y comiera. Pedro no se sentía cómodo con la idea, pero Dios le dijo: "No llames impuro lo que he hecho santo". Debemos entender que Dios ama a la comunidad homosexual y lésbica. Recuerdo la noche de la masacre en una discoteca en Orlando, Florida. Era un club gay y muchos fueron asesinados. Recuerdo ese día, porque esa mañana, antes de que sucediera, el Espíritu Santo me animó a orar y llorar por la comunidad homosexual. Sé que Dios los ama profundamente, y nosotros como iglesia debemos manifestar el amor de Dios hacia ellos. La iglesia ha sido culpable de hablar amor, pero mostrar odio. Debemos hacerles saber que Dios los ama. Su estilo de vida no los exime del amor de Dios. Murió por ellos y los declaró perdonados. Recuerde que Dios es el único que puede cambiar vidas. Nuestro trabajo es amar.

Como iglesia del siglo XXI, nos enfrentamos a desafíos gigantescos y debemos entender que es la voluntad de Dios que la iglesia ame, ore por ellos, restablezca y discipule. Deje que Dios haga el cambio y la transformación que sólo Él puede hacer. Mientras tanto, sí debemos predicar y enseñar el plan de Dios para sus vidas, pero debemos hacerlo con amor. Debemos mostrarles el amor de Dios a través de nuestras acciones. Debemos entender que Dios les ama a todos y que su amor se manifiesta a través de la iglesia. Debemos luchar en oración y acción por ellos.

Cuando se enfrenta con una división de la iglesia, no deje que la amargura entre en su corazón.

Esta es una de las armas más fuertes que Satanás utilizará contra ti. Es una de las experiencias más dolorosas que usted experimentará. Solo el amor superará esta arma. Como hijo de pastor, fui expuesto a muchas conversaciones que los pastores tenían entre sí. Recuerdo haber escuchado sus historias de traición y divisiones de la iglesia. Me di cuenta de cómo algunos todavía estaban amargados y habían perdido su confianza en tener pastores asistentes. En ese momento decidí, como joven aspirante a ministro, que nunca dejaría entrar en mi corazón la amargura o la desconfianza. He experimentado divisiones de iglesias. He reaccionado en el amor. He orado para que Dios los bendiga. Les he dado una ofrenda de semilla para ayudarles a encontrar un lugar. Me he ofrecido a donar sillas. Me rehusé a luchar o ceder ante la amargura. Lo importante es que

Cristo es predicado como lo expresa el apóstol Pablo en Filipenses 1: 15-18.

He tenido pastores asistentes y se han ido a dirigir un grupo para comenzar otra congregación sin mi bendición. Yo los bendecía de todos modos. Esto no me impidió tener un equipo pastoral. En la actualidad tengo nueve personas como parte de mi personal pastoral. Usted no debe ceder a la ira y/o amargura. Esto sólo frenará su crecimiento, y quitará y robará su alegría. Es en estas pruebas que mostrarás a los miembros las lecciones de la vida real.

¡Otro ejemplo que cambió mi vida en la jornada!

Esta joven respondió a un llamado del altar. Ella aceptó a Cristo como su Salvador personal. Tenía fama de ser una mujer de vida libertina en nuestra ciudad. Ella se convirtió en una carga pesada en nuestra iglesia. A esos les llamamos cristianos "medio cocidos". Dios la había cambiado, pero ella tenía un largo camino que recorrer. Aun fumaba y cuando venía a la iglesia quería sentarse en el mismo lugar. Si alguien estaba sentado en su lugar del banco ella comenzaba a gritar y a demandar que se moviera aún en medio del sermón. Los diáconos estaban hastiados hasta el tope de ella. La iglesia para ese tiempo era sumamente legalista, pero Dios estaba tratando con mi corazón y haciéndome entender que Su corazón no era conforme al legalismo. Los diáconos me pidieron que hiciera algo al respecto y tratará con ella. Yo le dije que le dieran un año a ver si en ese tiempo cambiaba. Un año había pasado y ella continuaba haciendo las mismas cosas. Esa noche yo estaba en el púlpito con un evangelista invitado, Rev. Santiago Ríos, a quien Dios usaba poderosamente con un ministerio profético. Estaba ansioso por terminar el servicio para poder hablar con esta mujer y darle una seria corrección (iba a ser más una paliza verbal). De pronto, Santiago Ríos me miró y señaló a esa misma mujer y me dijo: "Dios me está hablando de esa señora". Pensé para mí, bien. Dios va a confirmar lo que voy a hacer. Entonces él dijo: "Esta es la palabra de Dios para ti, la he traído a esta iglesia porque tendrías que ser paciente con ella, si ella hubiera ido a otra iglesia, ella habría salido hace mucho tiempo. Continúa obrando y trabajando en su vida. Continúa siendo paciente." **Esto es lo que significa tener amor y el corazón de Dios.**

¿Cuáles son tus pensamientos sobre este capítulo?

_____
_____
_____
_____
_____
_____
_____
_____
_____

¿Qué te impactó?

_____
_____
_____
_____
_____
_____
_____
_____
_____

¿En qué áreas necesitas cambiar?

_____
_____
_____
_____
_____
_____
_____
_____
_____

Capítulo 16

Habla como Jesús

"La longitud de una película debe ser directamente relacionado con la resistencia de la vejiga humana."
ALFRED HITCHCOCK

Muchos pastores han atrofiado el crecimiento de su congregación al tener los servicios demasiado largos y debido a eso, la gente no regresa a su iglesia. Al prolongar su servicio, usted muestra la falta de consideración. Muchos padres tienen hijos pequeños que necesitan atención. Algunos problemas de salud tienen que ser atendidos. Los horarios deben cumplirse. Sentarse durante tanto tiempo puede crear otros problemas de salud. La lista puede continuar. La excepción sería si hay un gran movimiento de Dios nacido por el Espíritu Santo, entonces con cuidado despide con amor a aquellos que necesitan irse, e invite amorosamente a aquellos que pueden quedarse, para que lo hagan. Su sermón debe tomar todo esto en consideración. Pablo dijo que no estamos persuadidos por muchas palabras, sino por el poder del evangelio. *"Y mi palabra y mi predicación no fueron en palabras persuasivas de sabiduría, sino en demostración del Espíritu y de poder, para que vuestra fe no permanezca en la sabiduría de los hombres, sino en el poder de Dios."* (1 Corintios 2:4-5)

Uno de los errores más grandes que un predicador puede cometer es hablar más allá de lo que el Espíritu Santo quiere que digan.

Muchos predicadores toman un gran mensaje y lo destruyen hablando demasiado. Observamos a nuestro Señor Jesucristo en Su entrega, y Él fue en el punto, corto y poderoso. Incluso en el Antiguo Testamento Dios habló corto y claro. MENE TEKEL PARSIN "(Daniel 5:25), eso fue todo y el profeta lo interpretó casi literalmente.

Un año fui invitado a predicar en esta iglesia, donde el pastor era un famoso abogado. Tenía una congregación de miles en Puerto Rico. Tuve que predicar en español. Aunque mis padres eran puertorriqueños, nací y crecí en Nueva York. Mi español era muy limitado. Lo poco que sabía era una mezcla de español e inglés. Era "Nuyorican". Yo estaba en mis veinte años y lleno de inseguridades. Un miembro de su iglesia me recogió en el aeropuerto y me sentó en la parte de atrás de su auto. La persona no me hablo en todo el trayecto. Luego se dirigió a mí y me dijo: "No sé por qué el pastor te invitó, sólo tenemos oradores prominentes en nuestra iglesia". Ya me sentía insuficiente. Puedes imaginar cómo me hicieron sentir esas palabras. Cuando finalmente me fui a dormir, tuve un sueño horrible. El pastor me llamó para predicar y no me permitió subir al púlpito. Me dijo que predicara desde la parte inferior del suelo. Empecé a buscar el versículo de la Biblia y no podía encontrarlo. ¡En el sueño, el pastor me miraba desde el púlpito, gritando a toda prisa! Me desperté con un sudor frío. Me puse de rodillas y empecé a clamar a Dios. Pedí fuerza y coraje. Dios me dio una palabra que me llenó de valor y fuerza. "Te he dado un mensaje, no intentes impresionar al hombre, no le añadas, ni le quites, solo dirás lo que quiero que digas, nada más, nada menos". Comparto esto con ustedes para que ustedes también

sepan que pueden llenarse de fuerza y valor.

Al día siguiente, sentado en la carpa (era una cruzada en una carpa) y nadie me saludó. El pastor pasó por delante de mí y no dijo una palabra. Uno de los ujieres me preguntó si yo era Pastor, y procedió a llevarme al púlpito para sentarme con todos los pastores visitantes. A medida que el tiempo se acercaba, el pastor comenzó a presentar al orador del evento. Hablaba tan bien de él que pensé que había invitado a alguien más y me sentí aliviado. Luego me presentó. Yo predicaba en mi limitado español. Proclamé el mensaje que Dios había puesto en mi corazón. Creo que no hablé más de 25 minutos. Cuando hice el llamado al arrepentimiento y aceptar a Cristo, cientos vinieron al altar llorando. El pastor tomó el micrófono después de haber terminado de ministrar y me dijo: "Muchos me han preguntado por qué invité a este chico a predicar, ya sabes por qué, yo predico por una hora y quizá dos o tres vengan a la salvación. Este chico predicó solo por unos minutos y cientos vienen a Cristo". Me invitó de nuevo año tras año.

Predicador, Dios no es de palabrería larga.

Aprenda a entregar el mensaje de manera concisa y con brevedad. El pueblo será edificado y volverá. Guarde los detalles, y los mensajes de más en profundidad para los estudios bíblicos entre semana.

Debemos aprender a hablar como Jesús habló.

¿Cuáles son tus pensamientos sobre este capítulo?

_____
_____
_____
_____
_____
_____
_____
_____

¿Qué te impactó?

_____
_____
_____
_____
_____
_____
_____
_____
_____

¿En qué áreas necesitas cambiar?

Capítulo 17

El Mensaje Efectivo

"Si Jesús hubiese predicado el mismo mensaje que los ministros predican hoy, él nunca hubiera sido crucificado."
LEONARD RAVENHILL

Cristo tenía un mensaje para la multitud...
Otro para los 70...
Uno para los doce...
Otro para los tres...
Otro, solo para uno...

Este debería ser un patrón a seguir.

Cuando Jesús predicó a la multitud, habló con brevedad e ilustraciones llamadas parábolas. Pero en ocasiones ministraba todo el día y la noche. No debemos olvidar que el amor por la gente lo obligará a hacer llamados al altar y a tomarse el tiempo para orar por las personas. Muchas veces, hacemos lo contrario de lo que hizo Cristo.

Predicamos todo el día y no ministramos. El llamado al altar es una rareza en algunas iglesias.

Luego, Jesús tenía las lecciones más íntimas con sus discípulos. Estoy seguro de que estas eran más largas y profundas. Lo comparo con el servicio entre semana. Aquí usted discípula y orienta a los fieles. Entonces, Él hablaría a los doce. Éstos caminaron y compartieron Su corazón. El discipulado aquí fue más personal. Pudieron observar todos sus movimientos y conductas.

No puedes discipular verdaderamente a cada miembro de la iglesia, pero puedes discipular a algunos. Comparo esto con tu equipo pastoral y tus diáconos. Estos son los que podrán observar tu conducta y tu vida de una manera más íntima y personal. Entonces vemos el modelo que Jesús nos dio. Es una fórmula que nos ayudará a imitar y ser fructíferos. Un propósito detrás de este modelo era, no solo discipular, sino crear creadores de discípulos. Todos entendieron que ellos también deben discipular a otros.

Creo que uno de los mayores desafíos es mantener el mensaje del Evangelio como una parte central de nuestra proclamación.

Siempre debe señalar a la cruz y levantar a Jesús en todos sus mensajes. Aquí es donde radica el poder transformador.

"Porque la palabra de la cruz es locura para los que se pierden; pero a los que se salvan es el poder de Dios, pero nosotros predicamos a Cristo crucificado, a los judíos una piedra de tropiezo, y a los gentiles locura; pero a los que son llamados, tanto judíos como griegos, Cristo es el poder de Dios y la sabiduría de Dios.

1 Corintios 1:18 23-24

Cuando Cristo dijo: "Hagan esto en memoria mía," la implicación fue clara. Llegará un momento en que Cristo será una nota lateral en la iglesia, y en muchos púlpitos escucharemos toda clase de discursos que suenan más como una sesión política o motivacional sin Cristo y la cruz. La cruz es el poder y la sabiduría de Dios.

Jesús dijo: *"Si me enaltecen, atraeré a todos los hombres hacia mí. Y yo, si soy levantado de la tierra, atraeré a todos los hombres hacia mí." Pero esto dijo, indicando con qué clase de muerte debería morir."*

Juan 12:32-33

El mensaje de la cruz no debe ser solo para El día de resurrección y Semana Santa.

El mensaje de la cruz debe ser el centro del mensaje. Esto fue inculcado en mí desde que era un niño de cinco años. Un día, mientras caminaba hacia mi habitación, miré hacia arriba y tuve una visión inusual. Lo recuerdo como si fuera ayer. Vi a Cristo en la cruz. Su cara estaba en agonía, mientras manos se alzaban burlándose de él. Me sobresalté y tuve miedo. Corrí y agarré a mi papá por los pantalones y me estremecí. Esta visión se ha quedado conmigo toda mi vida. Muchas veces, cuando hablo de la cruz, tengo esta imagen delante de mí.

Como adulto, vi en un sueño una hermosa flor con muchos pétalos. La miré rápidamente y luego miré hacia otro lado. Cuando aparté la mirada, oí una voz que me ordenaba mirar la flor de nuevo. Le di otra mirada rápida. De nuevo, la tierna voz me decía que mirara. Entendí que Él quería que mantuviera mis ojos en la flor. Mientras la miraba, me di cuenta que cada pétalo tenía hermosas dimensiones. Cada pétalo tenía revelaciones que se desarrollaban y, mientras lo miraba, me di cuenta de que la flor simbolizaba a Jesús.

Algún tiempo después, vi la misma flor en una pintura que se llamaba Crisantemo.

Nunca debe ceder al mensaje de lo que la gente quiere escuchar. Debe mantener el mensaje de la cruz fresco y pertinente. Atraerá a todos hacia la iglesia. Para que el mensaje sea nuevo y pertinente, debemos hablar con unción y revelación.

Tenga cuidado de comunicarse de manera efectiva y clara.

No caigas en el error de muchos oradores. Usan la plataforma para demostrar cuán inteligentes son. Comienzan a usar palabras muy esotéricas. Estas son palabras que la mayoría de la gente no entiende. Recuerde, usted está predicando un mensaje de vida o muerte que transforma vidas.

Usted no grita sobre los compuestos químicos del fuego, cuando existe el peligro de muerte. Gritas: "¡Fuego, fuego!" Para que las personas puedan correr y salvarse. No debes usar el púlpito para proyectar tus habilidades o educación, sino para exaltar a Jesús para que los oyentes puedan enamorarse de Cristo.

El Mensaje Efectivo

Siendo evangelista, a los 16 años fui invitado a un pequeño pueblo en Puerto Rico llamado Aguas Buenas. Contratamos la plaza en el centro de la ciudad. La primera noche que prediqué les hablé sobre la cruz y el amor de Dios. Muchos llegaron al altar, contritos y arrepentidos, para entregar sus vidas a Cristo. Un ministro se me acercó después y me dijo que a la gente de la iglesia no le gustaba el mensaje. Al día siguiente, me puse de pie y prediqué lo que sabía que a la gente de la iglesia le gustaba. Empecé a llamar a la gente pecadores, adúlteros, borrachos y demás. La gente de la iglesia estaba saltando y gritando alabanzas. Cuando hice el llamado al altar, nadie respondió. El Espíritu Santo susurró a mi corazón "Predica mi amor yo traigo convicción de pecado." Lección aprendida.

"¿Por qué ahora busco el favor de los hombres o de Dios? ¿O estoy tratando de complacer a los hombres? Si todavía estuviera complaciendo a los hombres, no debería ser un siervo de Cristo."

Gálatas 1:10

¿Cuáles son tus pensamientos sobre este capítulo?

¿Qué te impactó?

¿En qué áreas necesitas cambiar?

_____
_____
_____
_____
_____
_____
_____
_____
_____

Sección V

La Fe

Capítulo 18

Fe Para las Finanzas

La obra de Dios hecha a la manera de Dios, nunca le faltará la provisión de Dios.
HUDSON TAYLOR

"El que invita...paga!"

Uno de los mayores desafíos que enfrentan muchos ministros son las finanzas. Tenemos grandes sueños e ideas para realizar proyectos. Miramos nuestro presupuesto y nuestros ingresos actuales y nos desanimamos. Colocamos las finanzas en espera; o comenzamos a exigir a los miembros de la Iglesia que den o peor aún, comenzamos a "vender aceite de serpiente".

¡Usted debe tener fe sobre las finanzas!

Necesitas planificar según el presupuesto de Dios. En el año 2006, mientras pastoreaba una Iglesia llamada "Un Lugar de Esperanza," me dijeron que pronto deberíamos estar recibiendo una donación de 17 millones de dólares. Comencé a soñar con lo que iba a hacer con ese dinero. Pensé en construir una "Ciudad de la Esperanza," un lugar en donde se ministraría y proveería para las necesidades espirituales y sociales de nuestra comunidad. De repente, el único hijo del donador se opuso a la donación y esta nunca llegó. Mientras oraba, el Espíritu Santo me habló, y escuché un pensamiento muy claro: "Comenzaste a soñar cuando pensabas que recibirías esa donación de $17 millones, te he dado mucho más, no dejes de soñar". Dios usó esa experiencia para expandir mi visión. ¿Les comparto una llave que nunca me ha fallado, y cuál es esa llave? Asegurarme de que el sueño o la meta están en la voluntad perfecta de Dios. Es una cuestión de obediencia. Recuerde ese verso.

"Así también vosotros, habiendo hecho todas las cosas que os han mandado, dijiste: Somos siervos inútiles; hemos hecho lo que debemos hacer."
Lucas 17:10

Si es un proyecto que Dios te ha guiado a hacer, Él proveerá según sus riquezas, no las tuyas. La cita que se usa al principio de este capítulo implica que la persona que te invitó a comer paga la factura. Dios es dueño de todas las riquezas de este mundo y más allá (Filipenses 4:19). Él nunca te pedirá que hagas algo y luego te abandonará en el camino.

¿Cómo sabes cuándo es la voluntad de Dios?

He visto a muchos ministros actuar, en lo que ellos llaman fe, y fallar. A muchos se les ha enseñado a hacer lo que le viene a la mente, y si hay suficiente fe, pueden exigir de Dios, confesarlo y sucederá. ¡NO! La fe es obediencia. La fe es tener el valor de seguir la dirección del Espíritu Santo. La fe espera a Dios, pase lo que pase (Lucas 17:10). El padre de la fe, Abraham, abandonó su tierra en obediencia, sin saber a dónde iba.

Cuando era pastor en Yonkers, Nueva York, siendo joven aun, necesitábamos mover nuestra iglesia del edificio actual. Mientras conducía cerca de un supermercado, sentí en mi espíritu que Dios quería que yo comprara ese edificio. Tenía una bolera en el sótano y tres pequeñas tiendas en el lado. Me emocioné y se lo dije a mi junta. Bueno he aquí que alguien más lo había comprado. Estaba tan desanimado que comencé a dudar sobre lo que había pensado que Dios me había dicho. Repentinamente, recibí una llamada de la persona que lo compró. Nos lo vendió a la mitad del precio que pagó. El edificio tenía algún equipo que él necesitaba y ahora no tenía ningún uso para ello. Verdaderamente, Dios es impresionante.

El día de las Madres de 1976, después de estar en ese edificio por aproximadamente tres años, mi esposa y yo estábamos conduciendo hacia la iglesia, y vimos a toda la gente fuera del edificio. Frente a la puerta había dos policías de guardia, y no dejaban entrar a nadie. La ciudad declaró que el edificio no era apto para una iglesia. Pregunté por qué ahora. Los policías no tenían idea. Sólo estaban siguiendo órdenes. Nos enfrentamos a una persecución que duró más de un año. La ciudad trató de expulsar la Iglesia Filipos del mapa de Yonkers. Me amenazaron con la cárcel y se me impidió tener ningún tipo de servicio religioso, que incluía cualquier otro lugar que no era el edificio de la iglesia. Nos emitirían un permiso para una carpa en cualquier otro lugar. Teníamos servicios clandestinos. Muchas veces nos reuníamos en el callejón de la iglesia y comenzamos los servicios hasta que la policía apareciera y nos cerrara. Algunas iglesias en la zona nos abrían sus puertas, sólo para pedirnos que nos fuéramos a solo semanas de estar allí.

Luchamos en la corte local, y la corte decidió a nuestro favor. La ciudad apeló a la Corte Suprema y ganó. El juez elaboró una opinión que fue publicada en el periódico local. Dijo que estaba obligado a huelga en favor de la ciudad debido a la forma en que la ley fue escrita. Estas fueron las leyes impuestas para obstaculizar y limitar a cantinas y club nocturnos. Luego continuó diciendo que sentía que la Iglesia de Filipos estaba siendo injustamente tratada e instó a alguien a investigar. Basados en conversaciones escuchadas por miembros de la iglesia que trabajaban en la Alcalde, tuvimos una idea de el por qué comenzó esta persecución. Semanas antes de aquel Día de la Madres, tuvimos una gran cruzada con Yiye Ávila, un evangelista puertorriqueño que Dios usaba poderosamente. Fue una cruzada en toda la ciudad, pero todos los permisos estaban a nombre de la Iglesia Filipos. Invité al alcalde y a todos los funcionarios de la ciudad. Eran muy religiosos, católicos romanos. El evangelista pidió a la gente que trajeran todas sus estatuas religiosas a la plataforma. Al día siguiente, el escenario estaba lleno de estatuas de María y de cada santo imaginable. Yiye tenía lo que él llamaba, el martillo santo, y procedió a aplastar todas las estatuas. Bueno, estos funcionarios de la ciudad estaban sorprendidos y enojados. Y así comenzó.

Ellos querían que destripáramos el edificio completamente, y que colocáramos todos los aparatos contra incendios imaginables. Todo el proyecto costaría el doble de lo que habíamos pagado para comprar el edificio. En ese momento, esto era una cantidad insuperable. Me aconsejaron que sacara la iglesia de la ciudad. No se dieron cuenta de que servimos a un Dios grande y rico. El Señor financió la remodelación y no nos endeudamos. No tuvieron más remedio que darnos el certificado de ocupación. En ese año de persecución, la iglesia experimentó un poderoso avivamiento, y aumentamos con muchos nuevos miembros.

En 1992, fui elegido Superintendente Distrital del Distrito Sureste de las Asambleas de Dios, ahora llamado el Distrito Multicultural de La Florida. Las oficinas, en ese momento, estaban en el garaje del Superintendente anterior. El Tesorero me dijo que no había dinero. El distrito estaba en bancarrota. La noche que fui elegido, mi esposa y yo fuimos a un lugar cerca de la convención donde había mucho entretenimiento de la calle. Vimos a este payaso haciendo algunos trucos y contando chistes. Cada cinco minutos, pasaba el sombrero para que la gente le diera propina. Casi nadie le dio. Algunas personas dejaron caer algunas monedas cuando él pedía propinas. Le dije a mi esposa que esperaba que tuviera un trabajo de día, porque iba a morir de hambre. Seguimos caminando, y había un joven que parecía que estaba en sus 20 años de edad, tocando el piano. Él tenía a todo el mundo bailando y disfrutando de su impresionante talento. En su piano, tenía un tanque de peces vacío. La gente llenaría el tanque con dinero. Él nunca pidió un centavo, pero las gentes dieron con alegría. Tenía que dejar de tocar el piano para vaciar el tanque de peces, y luego continuó. El Espíritu Santo habló con claridad a mi corazón. "Muchas iglesias son como ese payaso, pero si a mi pueblo se le da excelencia, darán abundantemente". Me reuní con todos los líderes del Distrito y les dije que sólo llamaran a los pastores y sirvieran con excelencia y alegría. En dos años, compramos un terreno y construimos las oficinas del Distrito. Dios proveyó y el pueblo dio abundantemente. Cuando las personas sienten que usted sirve con excelencia, dan deliberadamente y por gratitud.

La falta de finanzas no debe agobiar el ministerio. ¡Dios siempre suplirá!

Dios siempre proveerá para Su reino, mientras hagamos Su voluntad. Debemos aprender a oír Su voz y a hacer Su voluntad. He visto la provisión de Dios a lo largo de mi vida. Como Evangelista y Pastor viviendo sin un ingreso estable, millones de dólares han pasado por mis manos para ser una bendición para los demás y Su reino. Mi esposa tuvo una visión cuando estábamos empezando la iglesia que actualmente estoy pastoreando. Nos enfrentábamos a un tiempo difícil. Compramos un edificio de $1.8 millones con cero dineros. Estábamos un poco preocupados, por decir lo menos, y ella dijo que escuchó en esta visión lo que Cristo le dijo a Pedro. "El dinero está en la boca del pez" (Mateo 17:27). En otras palabras, no se preocupe por las finanzas, preocúpese sólo de ganar almas, y luego se le dará. No coloque el coche delante del caballo, esto se trata de las almas no de los edificios. Mi estrategia de levantar fondos para la construcción ha sido aumentar nuestras donaciones a misiones. Cuanto más damos a las misiones, más Él proporciona para la iglesia.

Mientras seas obediente a Su dirección, caminarás bajo Su provisión.

Él es tu fuente. Él proveerá de acuerdo a sus riquezas en gloria. Siempre mantenga sus motivos puros. Haga todo por la gloria de Dios. Nunca compita con otras iglesias. Resista el impulso de ser la iglesia más grande de la ciudad o la mejor. Tenga en cuenta que Dios quiere bendecir a todos los que invocan su nombre. Siempre debes orar por todas las iglesias y pastores de tu área.

Una nota de advertencia: Necesitas transparencia en las finanzas de la iglesia.

Usted nunca debe tener un miembro de la familia como el Tesorero. Nunca debes manejar el dinero de la iglesia. Tener una política de libro abierto. Tener una auditoría independiente cada año. Que todos en la iglesia se sientan libres de mirar las finanzas. Si hay una caja fuerte en la iglesia donde se deposita dinero, el Pastor no debe conocer la combinación. La caja fuerte no debe estar en la oficina del Pastor. Esto le protegerá en caso de fraude. También, por favor Pastor, no viva más allá de sus recursos. Aprenda a vivir de acuerdo a lo que recomienda.

Fe Para las Finanzas

Sean vuestras costumbres sin avaricia, contentos con lo que tenéis ahora. (Hebreos 13:5)

"Porque los que quieren enriquecerse caen en tentación y lazo, y en muchas codicias necias y dañosas que hunden a los hombres en destrucción y perdición
porque raíz de todos los males es el amor al dinero, el cual codiciando algunos,
se extraviaron de la fe, y fueron traspasados de muchos dolores."
(1 Timoteo 6 9-11)

Si usted se envuelve en una deuda personal, usted causará gran presión en su familia y a la iglesia.

Tenga alta integridad en sus finanzas. Cuando las personas ven esto, dan sin dudar. Los grandes donadores son exitosos porque son sabios con sus finanzas. Antes de dar grandes donaciones, observan cómo las instituciones están utilizando sus finanzas. Si ven algo dudoso, retendrán su donación.

La transparencia en las finanzas de la iglesia le protegerá de cualquier crítica y falsas acusaciones. También inspirará a la gente a dar de su dinero duramente ganado. No deben dudar de que su ofrenda esté siendo usada sabiamente. Debes ser muy cauteloso con las finanzas de la iglesia.

¿Cuáles son tus pensamientos sobre este capítulo?

_____
_____
_____
_____
_____
_____
_____
_____

¿Qué te impactó?

_____
_____
_____
_____
_____
_____
_____
_____

¿En qué áreas necesitas cambiar?

Capítulo 19

La Unción

No hay otro método de vivir piadosamente y con justicia,
entonces el de depender de Dios.
JOHN CALVIN

La Unción Rompe el Yugo

"El Espíritu del Señor está sobre mí, porque me ha ungido para predicar buenas nuevas a los pobres. Me ha enviado a anunciar liberación a los cautivos, y a recuperar la vista a los ciegos, a poner en libertad a los quebrantados, Proclamar el año aceptable del Señor."

Lucas 4: 18-19

Me he dado cuenta que la predicación ungida llega al punto. Es clara y habla al corazón de los oyentes.

La predicación ungida trae conciencia espiritual de la presencia de Jesús en medio de ellos. Su Santa presencia trae la convicción del pecado, el hambre de Dios y un conocimiento abrumador de Su amor. Cuando la unción está ausente, usted habla y habla y no puede decir lo que quiere decir. Usted tarda más de lo necesario y no llega al punto. No cambia la vida y no produce frutos permanentes. Puede incluso entretener, pero se olvida. La predicación ungida es edificante para la mente y el espíritu. Da claridad a los problemas de la vida y trae convicción, y exige aplicación en los corazones de aquellos que oyen. Produce sed de más.

¿Qué es la predicación ungida?

Es predicar con convicción y compasión. Es tener una palabra nacida por el Espíritu Santo en oración. La escritura nos enseña que Cristo pasaba muchas horas en oración ante el Padre. Él inspiró a sus discípulos a querer orar. Él les enseñó que debemos pedirle a Dios que nos dé para que podamos transmitirlo.

"Y él les dijo: ¿Quién de vosotros tendrá un amigo, e irá a él a medianoche, y le dirá: Amigo, préstame tres panes; porque un amigo mío ha venido a mí desde un viaje, y no tengo nada que poner delante de él; y él desde dentro contestará y dirá: No me molestes; la puerta está

ahora cerrada, y mis hijos están conmigo en la cama; ¿No puedo levantarme y darte? Yo te digo que, aunque no se levante y le dé porque él es su amigo, sin embargo, por su importunidad él se levantará y le dará todos los que él necesita."
Lucas 11: 5-8 (ASV).

Nunca olvidaré mi primer pastorado. Era yo un joven de 19 años que sabía muy poco español, recién casado, todavía en la Escuela Bíblica y pastoreando una iglesia donde se hablaba el idioma español. Tenía que hablar en español y dar un mensaje decente todos los domingos. Estaba tan nervioso y me sentía tan inadecuado. Esto me hacía pasar horas postrado ante el Señor. Oraba por lo menos 5 horas al día. A pesar de mi inexperiencia y problemas con el idioma español, muchos dieron sus corazones a Cristo. La atmósfera estaba inundada con la presencia de Dios. Los miembros notaron esto y se entusiasmaron con lo que estaba sucediendo. Comenzaron a traer visitantes. La iglesia explotó. Creció, y nos mudamos a un edificio más grande. Jesús sanaría y liberaría a muchos. La gloria de Dios estaba presente en todas nuestras reuniones. De repente, los pastores me llamaban para que yo pudiera dar seminarios sobre el crecimiento de la iglesia. Me preguntaban: "¿Cuál era el método que usaba para el crecimiento de la iglesia?" Yo no tenía ni idea. Por mi vida, yo estaba completamente ignorante de "¿Cuál era el método?"

Pastoreé esa iglesia durante 10 años desde 1971 hasta 1981. El Espíritu Santo nos llevó a mi esposa y a mí al evangelismo a tiempo completo. En 1985, el Señor me condujo a West Palm Beach, donde fundé una iglesia llamada "Love Tabernacle," ahora conocida como "Tabernáculo Internacional". Al principio, fue una lucha. Sentí que sabía "hacer esto". Ya tenía un pastorado exitoso, así que me sentí confiado. No iba muy bien. El Espíritu Santo susurró en mi corazón: "Si te acercas a este ministerio como lo hiciste cuando eras un predicador joven e inexperto, y pasas tiempo en la oración, verás los mismos resultados".

Eso es, no hay una fórmula o método secreto. Es estar en Su presencia. Es caminar humildemente ante el Señor, y depender de Él en todo momento. Es darle toda la gloria y el honor. Esto mantendrá tu corazón quebrantado por los perdidos, y te mantendrá hambriento de Dios.

Un punto importante en su agenda diaria es estar a solas con Dios, buscar su corazón e interceder por aquellos que el Señor ha puesto ante ustedes.

La iglesia te paga para orar y pasar tiempo en la palabra. Verdaderamente usted es bendecido. Todas las demás cosas deben esperar. Dé prioridad a su tiempo devocional. No se convierta en un reverendo profesional. Si usted predica y pastorea sin una vida de oración, se ha convertido en un arrogante. Mi dependencia de Dios me lleva a la oración. La oración y el ayuno me colocan en las bendiciones de Dios y me hacen ser una bendición.

La iglesia debe ser llamada o conocida como "Casa de Oración" Mateo 21:13

La iglesia en Yonkers era una iglesia de oración. Tendrían servicios de oración toda la noche casi todos los viernes y ayunaban los domingos. Muchos tratan de imitar los programas de otras iglesias en crecimiento, y a veces después de una gran emoción, viene una gran desilusión.

¿Cuántos pastores han dejado el ministerio sintiéndose como fracasados, cuando algún programa que funcionó para otros no funcionó para ellos? Es como cuando David intentó utilizar la armadura de Saúl. Simplemente no encajaba. No es el programa el que lo hizo funcionar. Fue la unción del Espíritu Santo. Muchos de nosotros queremos imitar al pastor Choi en el ministerio del grupo celular de Corea, pero no los imitamos en su disciplina de oración. Tienen más de diez mil miembros orando en la iglesia cada mañana, y cada sábado, ayunan y oran por el mensaje del domingo.

Un día decidí anunciar a la comunidad, que tendríamos un servicio de puertas abiertas, donde todos serían bienvenidos. Hicimos hincapié en que, no importa cuál fuese su religión o estilo de vida, oraríamos por los enfermos y por los que eran oprimidos por los demonios. Lo anunciamos en todos los medios. La iglesia comenzó ayunando y orando por ese servicio. Sobra decir que, cuando llegó el día, nunca tuvimos tantos visitantes; la mayoría inconversas. Podrías imaginar mi alegría. Prediqué el mensaje del evangelio, y para mi sorpresa, casi nadie respondió al llamado de salvación. Bueno, me enfadé y pensé en no orar por ningún enfermo y ninguno que estuviese atado, pero me tragué mis costumbres religiosas, e invité a todos los que querían sanidad y liberación para que pasaran. La multitud entera paso adelante.

Formamos muchas líneas de oración y las dividimos entre los ancianos y diáconos de la iglesia. Hubo una explosión de milagros. Muchos fueron milagrosamente curados y liberados. Luego, les preguntamos si alguno quería entregar su corazón a Jesús, ahora que han visto Su poder.

Aquella noche sobresalieron dos milagros. Una de ellas era una joven que me despreciaba. Tenía una ardiente adhesión a cierta religión que hablaba contra nuestra iglesia. Ella estaba muy molesta porque muchos de los miembros de su familia se habían convertido al Señor en nuestra iglesia. Cuando me veía pasar cruzaba la calle para evitarme completamente. Pero, necesitaba sanidad y por eso ella fue esa noche. Cuando la vi parecía muy molesta por tener que estar allí frente a mi persona. Recuerdo haberle dicho que, si quería su sanidad, tenía que levantar ambas manos y alabar al Señor con una voz audible (lo hice sólo para molestarla porque sabía lo mucho que anhelaba salir de allí pronto). Mientras levantaba sus manos con bastante vacilación, le impuse las manos y le pedí a Dios que le diera una bendición especial. Mientras oraba cayó y golpeó el piso con fuerza. Fue tan fuerte que toda la congregación dejó escapar un murmullo. Yo también estaba asustado porque pensé que ella se había lastimado y que seguramente me pondría una querella judicial. Ella permaneció fuera de sí por un tiempo, y procedí a orar por los demás que estaban en línea. Después de unos 15 minutos, ella se puso de pie y estaba llorando. Me acerqué a ella y supe que Dios había hecho algo poderoso en su vida. Procedió a decirle a la congregación que mientras se oraba, ella caía flotando al suelo como una pluma. Toda la congregación se echó a reír, porque todos oímos el ruido ensordecedor cuando golpeó el suelo. Entonces ella dijo que mientras estaba allí, abrió sus ojos y vio ángeles; y si los ángeles estaban en nuestra iglesia, entonces ella tenía que estar allí. Ella le dio su corazón a Jesús allí mismo.

Otro milagro que se destacó fue un hombre que había venido con sólo un riñón. Los doctores le habían sacado el otro riñón y le habían dicho que el que le habían dejado no funcionaba. Pronto perdería ese riñón también y tendría que empezar a hacerse diálisis. Él testificó dos años más tarde que después del servicio de sanidad, volvió al doctor. El médico se sorprendió cuando descubrió dos riñones sanos.

La predicación es también enunciados proféticos.

Sea fiel a su bosquejo, pero esté abierto a una súbita intervención del Espíritu Santo. Un día, estaba predicando en una iglesia muy grande en Orlando, FL. Estaban transmitiendo el servicio en una emisora de radio. De repente, dije algo imprevisto y fuera de contexto. Levanté mi voz y dije: "Tú, que estás pensando en suicidarte en este momento, Dios te ama y tiene un propósito para tu vida. Entonces, continué con el bosquejo de mi mensaje e ignoré totalmente lo que había dicho. Siete años más tarde estaba predicando en otra iglesia y una diaconisa compartió su testimonio. Ella compartió que hacía siete años atrás ella había descubierto que su esposo había estado teniendo un romance con otra mujer. Ella se subió en su auto para suicidarse. Cuando encendió el coche, escuchó la transmisión por radio del servicio. En ese mismo instante, ella oyó mi voz y dijo: "Tú que piensas en suicidarte, Dios te ama y tiene un propósito para tu vida… Deténgase y desista de quitarse la vida". Alabé a Dios por su amor, por su gracia y por su misericordia. La unción es una habilidad sobrenatural para hacer el trabajo de Dios. Le permite hacer lo que de otra manera sería imposible. Rompe las ataduras demoniacas. Cuando fluye la unción su ministerio se vuelve efectivo para transformar vidas. Libertará a los que están cautivos y compartirán revelaciones bíblicas.

La Unción

Cuando ministras bajo la unción eres una maquina eficiente y bien engrasada.

¿Cuáles son tus pensamientos sobre este capítulo?
_____
_____
_____
_____
_____
_____
_____
_____
_____

¿Qué te impactó?
_____
_____
_____
_____
_____
_____
_____
_____
_____
_____

La Unción

¿En qué áreas necesitas cambiar?

_____
_____
_____
_____
_____
_____
_____
_____
_____

Capítulo 20
Creencias Sobre la Sanidad

*"Si la voluntad de Dios es que el hombre esté enfermo,
nadie en la historia violó la voluntad de Dios más que Jesús.
Así como Dios desea que todos los hombres sean salvos,
Él también desea que todos los hombres sean sanados."*
JOHN GOODREADS

¿Quiere Dios sanar a todos los enfermos?

La Biblia enseña claramente que todo don bueno, y don perfecto, proviene del Padre de las luces (Santiago 1:17). También muestra un Dios misericordioso cuando Cristo caminó sobre la tierra. Jesús vino a manifestar la verdadera naturaleza del Padre. Él sanó a los enfermos y libertó al que estaba poseído por demonios. Él perdonó los pecados y restauró lo que Satanás había robado. Las escrituras son muy claras sobre este tema.

Algunos dicen que, si Él quiere que todos sean sanados, ¿por qué no sanará a todos? Ese mismo argumento puede ser usado contra la salvación, pero eso no cambia la voluntad de Dios. La Escritura dice; porque Dios quiere que ninguno perezca, sino que todos lleguen al arrepentimiento (2 Pedro 3: 9). ¿Todos se van a salvar? No, en absoluto, sin embargo, esta es la perfecta voluntad de Dios. Así es también, con Su voluntad para sanar y liberar a todos aquellos que necesitan un milagro.

Como predicador del evangelio, usted debe predicar la perfecta voluntad de Dios para todos.
Cuando predico, creo que todos los que oyen este evangelio serán salvos. Creo que Dios quiere salvarlos a todos. Cuando oro por los enfermos oro con la misma convicción. Creo que Dios quiere sanarlos a todos.

Esto es muy irónico, proviniendo de mí. En mi familia, enfrentamos la muerte y la enfermedad de una manera muy real. Tuve el privilegio de ser criado en un hogar cristiano. Mi papá era ministro del Evangelio y pastor de una hermosa iglesia en Manhattan en una sección llamada

Harlem. Era una iglesia hispana donde la gente oraba y cantaba con toda su pasión. Tuve dos maravillosos hermanos, Nelson y David. ¡Qué grandes cantantes eran! Fueron bendecidos con poderosas y ungidas voces. Nelson Jr. era el mayor, David el del medio y yo era el más pequeño. Un día, mis padres decidieron ir a Puerto Rico a visitar a nuestros abuelos. Teníamos cuatro, cinco y seis años. En Puerto Rico mi abuela notó que nos estábamos cayendo constantemente, e instaron a mi padre a llevarnos a los médicos. El diagnóstico fue que todos teníamos Distrofia Muscular. ¡Qué sorpresa para mis padres! Todavía puedo oír a mi madre gimiendo y llorando en ese fatídico día. Estaban tan orgullosos de sus tres hijos.

Cuando mi madre nos llevaba a pasear por Riverside Park en Manhattan, la gente le preguntaba si era la niñera. Ya ves, no parecíamos el estereotipo normal de un puertorriqueño. Teníamos el pelo rubio platino con la piel muy clara y los ojos verdes. Nuestra infancia estuvo llena de grandes recuerdos en la ciudad de Nueva York (como baseball, patinaje sobre ruedas, tapas, escondite y casero, coches de carreras con cartones de leche) y ahora, mi papá y mi mamá se enfrentaban a este pronóstico. Mi padre me contó que él fue a la iglesia y le pidió a Dios que le concediera la bendición de tener al menos un niño sin esta temida enfermedad. Cuando nos llevaron de regreso al hospital, los doctores dijeron que yo no tenía Distrofia Muscular. Me curé milagrosamente. No sé por qué mi padre pidió sólo uno. Estos misterios son dejados a Dios.

El primero en ir con el Señor fue David. Fue durante una reunión de oración juvenil. Esa noche, la juventud de la iglesia había ido al altar a orar. Durante este tiempo, mis dos hermanos, no podían caminar y estaban confinados a una silla de ruedas. David, el niño del medio, me pidió que lo llevara al baño. Mientras esperaba por él, le pregunté "David si murieras ahora, ¿irías al cielo?" "Él me respondió sin vacilar que él iría con seguridad a Dios." Me sorprendió su convicción. Lo llevé hacia el altar y volví a orar. Mientras oraba, empecé a pedirle a Dios que le sanara, pero no pude. Lo que salía de mi boca era una oración que no quise decir. "Señor, tómalo en gloria." Entonces yo me detuve y traté de pedirle al Señor que lo sanara, pero lo que salía de mi boca era: "Señor llévatelo en gloria." En ese momento, todos en la iglesia sintieron una presencia abrumadora. Todos comenzamos a orar en el Espíritu y a clamar ante Dios. De repente la gloria se fue y todos nos levantamos de las rodillas y miramos a nuestro alrededor. Sabíamos que algo sobrenatural había ocurrido. Cuando miré a mis hermanos, David se había ido para estar con el Señor. Realmente creo que el ángel de Dios bajó y lo tomó cuando sentimos esa presencia gloriosa.

Mi otro hermano Nelson estaba devastado. No podía entender por qué Dios se lo había llevado. Los hermanos bien intencionados le dijeron que tal vez Dios lo quería con esa enfermedad. Esto hizo que mi hermano Nelson se revelara. Dijo que no deseaba, ni le deseaba esta enfermedad a nadie y si Dios lo quería enfermo, no quería tener nada que ver con Él. Se convirtió en un ateo. Mi hermano y yo discutíamos durante horas. Él negaba la existencia del alma. Él continuó estudiando, obtuvo su Maestría y luego su Doctorado. Un día que estaba de visita con mis padres, mi madre entró en la sala llorando. Dijo que mi hermano Nelson estaba muerto. Corrí a su habitación y vi su cuerpo sin vida. Llamé a la ambulancia y cuando volví a su habitación, él estaba vivo. Estaba llorando, me miró y me dijo: "Eddie, ¿recuerdas cuando dije que el alma no existe? Bueno, yo morí y dejé mi cuerpo. No sabía a dónde iba. Dios me ha dado una segunda oportunidad." Desde ese día, mi hermano vivió para Dios. Él vivió tres años más. Le encantaba ver a Dios sanar a los enfermos. Él me dijo que nunca diga que Dios quiere que la gente se enferme. Aunque nunca recibió su sanidad, murió confesándola y viéndola desde lejos (Hebreos 11:13). Sabía que Dios lo sanaría. Si no ahora, Él lo haría en la resurrección. También sabía que la gloria que le esperaba era mucho mayor que su presente sufrimiento. Me dijo muchas veces que esperaba la resurrección. Sabía que sería levantado en los últimos días sin Distrofia Muscular y que tendría un nuevo cuerpo similar al de Cristo. Antes de ser salvo, mi hermano escribió un poema que se hizo conocido por expresar su pena. Fue invitado a la Asociación de Distrofia Muscular para participar en su teletón anual, y fue entrevistado por el anfitrión de "Good Morning America," el Sr. David Hartman. Le pidieron que explicara su poema.

"Una Existencia Sin Vida"
Nelson E. Rodríguez

Pienso, luego existo…
Con una mente Inquisitiva, Inteligente … Yo existo
Encarcelado no detrás de barrotes de acero
Pero en un cuerpo sin vida … yo existo

Con un corazón lleno de sueños;
Espejismos en un desierto…
Mensajes escritos en la arena

Eddie Rodriguez

Borrados por las brisas y las mareas del océano...
Como la arena en mi puño se desvanecen
Mis razones para vivir.

¿Una existencia sin vida?
Una pregunta cuya respuesta nunca encuentro...

¿Por qué simplemente existo?
Este secreto tan guardado como si estuviera detrás de
El velo sagrado del santuario...

Carrusel de oro;
Entre risas
Busco mi deseo,
Mi deseo ... encontrar una razón para vivir

Es como tener una esperanza
Que nunca se realizará
Es como un carbón encendido
Su calidez y color atractivo
A uno en necesidad de su comodidad
Pero en su atracción se traiciona
Por el dolor de su tenencia y pronto muerte ...
Tanto como el amor

Juego de ajedrez maldito
Lleno de movimientos inciertos
La respuesta, ¡Jake Mate!
El final del juego
En momentos de ansiedad
Una broma cruel

Una fuente de dolor y placer
Como Don Quijote con la lanza en mano
Voy a conquistar castillos inexistentes

Creencias Sobre la Sanidad

Es mi conflicto en la vida lo real frente a lo ideal...

Tal vez mis ventanas no están cubiertas con gotas de lluvia goteando,
Pero las ventanas de mi alma
Están cubiertos de niebla
Sin vida yo existo
¿Puede alguien por favor decirme por qué ... yo sólo existo?

En él, describe su frustración de existir, pero no vivir. Le explicó al anfitrión de "Good Morning America" que vivía al otro lado de la calle de una escuela secundaria y que miraba por la ventana y veía a los niños montar sus autos, salir a citas, practicar deportes y hacer todo tipo de cosas que él no podía. Sentía que no tenía una vida. Simplemente existía. Pero, él continuó compartiendo que él había escrito ese poema antes de que él tuviera una experiencia que cambiaría su vida. Verá, dijo, "Pensé que la vida era hacer cosas y me sentía miserable y quería morir. Entonces conocí a Jesucristo, y me di cuenta que ahora tengo vida. Estoy lleno de alegría y esperanza y ahora sé que tengo vida".

Él iba a mis cruzadas y si yo no oraba por los enfermos, él guiaba su silla de ruedas eléctrica hasta el escenario y me gritaba ¡"Eddie ora por los enfermos"! Él era inflexible en su convicción de que Dios estaba en contra de la enfermedad, y de que Dios es un Dios bueno.

Como predicador del evangelio de Jesucristo, solo predique lo que dicen las Escrituras.

No forme una teología basada en su opinión, o en sus experiencias personales o emocionales. Si sus experiencias contradicen la verdad revelada o no, la verdad no es lo que usted siente o ve. Es lo que se revela en Cristo Jesús.

La oración por los enfermos y por los poseídos por demonios es importante para el crecimiento de la iglesia. Los dones del Espíritu son campanas poderosas y fuertes que llaman a los pecadores al arrepentimiento. Usted debe experimentar hoy los mismos resultados que Cristo tuvo cuando caminó sobre la tierra con su cuerpo físico. La multitud acudía a Él. Ellos acudirán a Él hoy, si lo dejamos ser quien Él es; un sanador y un libertador.

La sanidad divina es un mandato directo de nuestro Salvador. Es una descarada desobediencia ignorarlo.

Creencias Sobre la Sanidad

¿Cuáles son tus pensamientos sobre este capítulo?
_____
_____
_____
_____
_____
_____
_____
_____
_____

¿Qué te impactó?
_____
_____
_____
_____
_____
_____
_____
_____
_____
_____

¿En qué áreas necesitas cambiar?

___
___
___
___
___
___
___
___
___

Capítulo 21
El Dios de las Cosas Nuevas

"El hombre no puede descubrir nuevos océanos, a menos que tenga el coraje para perder de vista la orilla."
ANDRE GIDE

"Así dijo Jehová: Paraos en los caminos, y mirad, y preguntad por las sendas antiguas, cuál sea el buen camino, y andad por él, y hallaréis descanso para vuestra alma. Mas dijeron: No andaremos."
Jeremías 6:16

Este es uno de los versículos más mal entendidos y mal utilizados de la Biblia. Este versículo se refiere a los principios de nuestra teología. No a los métodos o las obras de Dios.

Él dice: *"Haré cosas nuevas, cosas que le resultarán difíciles de creer"*. *"No te acuerdes de las cosas anteriores, ni consideres las cosas de* antaño. He aquí, haré algo nuevo; ahora brotará; ¿no lo sabréis? Echaré camino en el desierto, y ríos en el desierto." Isaías 43:18;20

"He aquí entre las naciones, y mirad, y maravillad maravillosamente; porque yo hago una obra en vuestros días, la cual no creeréis, aunque se os diga." Habacuc 1:5

La iglesia necesita trabajar, no fuera de la caja, pero sin una caja. Piensa en lo creativo que es Dios. Ni un copo de nieve es el mismo. No hay límite a Su creatividad. Dice que el oído no ha oído, ni los ojos han visto las cosas que Dios tiene para su pueblo.

"Pero como está escrito: Las cosas que el ojo no vio, y el oído no oyó, y que no entró en el corazón del hombre, todo lo que Dios preparó para los que le aman."
1 Corintios 2:9

Nuestra imaginación se queda corta ante la voluntad de Dios para ti.

"A aquel que puede hacer mucho más que todo lo que pedimos o pensamos, según el poder que obra en nosotros." Efesios 3:20

Albert Einstein es ampliamente otorga por esta declaración, "La definición de la locura es **hacer** la misma cosa una y otra vez, pero **esperando resultados diferentes.**" Hay métodos de ministerio aún por descubrir. Debemos estar abiertos a estas impresionantes posibilidades. Dios tiene una llave diferente para cada ciudad y para cada generación.

Cada miembro tiene un ministerio.

Usted se sorprenderá de las ideas que sus miembros plantean, si les enseñas este principio. Deje ir lo viejo para que Dios pueda reemplazarlo por lo nuevo. Él verterá vino nuevo en odres nuevos.

"Ni los hombres ponen el vino nuevo en las viejas pieles de vino, sino las pieles estallan, y el vino se derrama, y las pieles perecen; pero ponen el vino nuevo en pieles de vino frescas, y ambos se conservan. Marcos 2:22

Los miembros de la iglesia que pastoreo han desarrollado ministerios dentro de la iglesia que me han sorprendido, incluso ministerios que han producido muchos resultados impresionantes. La voluntad de Dios es que todos sean llenos de su Espíritu Santo, lo cual resultará en profecías, visiones y sueños.

"Y acontecerá después que derramaré mi Espíritu sobre toda carne; y tus hijos y tus hijas profetizarán, tus ancianos soñarán sueños, tus jóvenes verán visiones,"

Joel 2:28

Miembros del equipo de la iglesia ha desarrollado ministerios específicos para sus necesidades y heridas pasadas.

Ejemplos:
1. Ministerio a padres con niños discapacitados
2. Ministerio de duelo para los que han perdido seres queridos

A medida que la sociedad experimenta cosas diferentes, Dios levantará ministerios específicos.

Mientras viajas en este llamado, mi oración es que tu corazón esté abierto al propósito de Dios para ti. También es mi oración que no te sientas apocado, menospreciado, no te límites y vivas entusiasmado, esperando que Dios haga cosas nuevas a través de ti.

Cree a Dios para que puedas ser el pastor más feliz de la tierra; y que el ministerio que Dios te ha dado, puede experimentar Su todo.

Si eres uno de esos ministros que han abandonado el ministerio, la vocación y los dones de Dios reposan todavía sobre ti. Ese traje sacerdotal todavía está en tu vida. Puede estar manchado o destrozado, pero todavía está allí. Él quiere levantar tu cabeza, colocarlo en una piedra más alta, y poner una nueva canción en su corazón. Perdónate y continúa tu viaje. Nunca es demasiado tarde. Así que levanta tu cruz, niégate a ti mismo y camina.

Todo este libro se resume en estas tres palabras; para vivir y tener un ministerio exitoso, necesitas tener **amor**, **humildad** y **obediencia**.

¡¡¡Buen viaje!!!

"Al mirar hacia atrás más de cincuenta años de ministerio, recuerdo innumerables pruebas, pruebas

El Dios de las Cosas Nuevas

y tiempos de dolor aplastantes. Pero a través de todo esto, el Señor ha probado ser fiel, Amante, y totalmente fiel a todas Sus promesas."
DAVID WILKERSON

¿Cuáles son tus pensamientos sobre este capítulo?

_____
_____
_____
_____
_____
_____
_____
_____
_____

¿Qué te impactó?

_____
_____
_____
_____
_____
_____
_____
_____
_____

El Dios de las Cosas Nuevas

¿En qué áreas necesitas cambiar?

_____
_____
_____
_____
_____
_____
_____
_____

Sobre el Autor

El Pastor Eddie Rodríguez ha servido como evangelista desde 1967. Fue predicador itinerante en las calles en la ciudad de Nueva York y todavía disfruta de la predicación en una esquina de la calle además de la celebración de cruzadas de evangelización en masa en toda América Latina, Asia y Europa. Ha pastoreado y fundado iglesias en Nueva York, La Florida y Paraguay. Comenzó el pastorado a los 19 años, en 1971 y ha disfrutado de un fructífero ministerio. Ha servido como ejecutivo del Distrito de las Asamblea de Dios desde 1987 como Presbítero, Superintendente y Asistente de Superintendente. Ha servido en el consejo de administración de la Universidad Southeastern en Lakeland, FL, así como en muchas otras juntas nacionales. Actualmente es el pastor fundador de Un Lugar de Esperanza en West Palm Beach, FL. Está casado con Martha desde 1970, tiene 3 hijos y 7 nietos.

Puede ponerse en contacto con Pastor Eddie a Eddierodriguez212@yahoo.com.

Referencias

Barna.com; Barna: Pastors; Research Releases

www.ingramcontent.com/pod-product-compliance
Lightning Source LLC
LaVergne TN
LVHW051548070426
835507LV00021B/2464